世紀人物100

忠義誠一真宰相

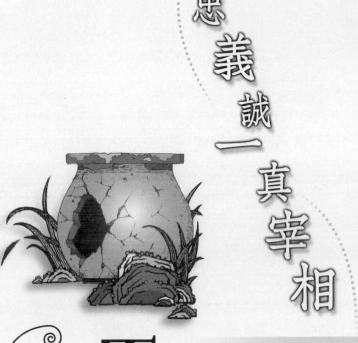

司馬光

張博鈞 著

三民書局

獻給孩子們的禮物

主編的話

世界上最幸福的孩子，是他們一出生就有機會接近故事書，想想看，那些書中的人物，不論古今中外都來到了眼前，與他們相識，不僅分享了各個人物生活中的點滴，孩子們的想像力也隨著書中的故事情節飛翔。

不論世界如何演變，科技如何發達，孩子一世幸福的起源，仍然來自於父母的影響，如果每一個孩子都能從小在父母親的懷抱中，傾聽故事，共享閱讀之樂，長大後養成了閱讀習慣，這將是一生中享用不盡的財富。

三民書局的劉振強董事長，想必也是一位深信讀書是人生最大財富的人，在讀書人口往下滑落的多元化時代，他仍然堅信讀書的重要，近年來，更不計成本，連續出版了特別為孩子們策劃的兒童文學叢書，從「文學家」、「藝術家」、「音樂家」、「影響世界的人」系列到「童話小天地」、「第一次」系列，至今已出版了近百本，這僅是由筆者主編出版的部分叢書而已，若包括其他兒童詩集及套書，三民書局已出版不下千百種的兒童讀物。

劉董事長也時常感念著，在他困苦貧窮的青少年時期，是書使他堅強向上，在社會普遍困苦，而生活簡陋的年代，也是書成了他最好的良伴，他希望在他的有生之年，分享這份資產，讓下一代可以充分使用，讓親子共讀的親情，源遠流長。

「世紀人物 100」系列早就在他的關切中構思著，希望能出版

孩子們喜歡而且一生難忘的好書。近年來筆者放下一切寫作，接下這份主編重任，並結合海內外有心兒童文學的作者共同為下一代效力，正是感動於劉董事長致力文化大業的真誠之心，更欣喜許多志同道合的朋友，能與我一起為孩子們寫書。

「世紀人物100」系列規劃出版一百位人物故事，中外各占五十人，包括了在歷史上有關文學、藝術、人文、政治與科學等各行各業有貢獻的人物故事，邀請國內外兒童文學領域專業的學者、作家同心協力編寫，費時多年，分梯次出版。在越來越多元化的世界中，每個人都有各自的才華與潛力，每個朝代也都有其可歌可泣的故事，但是在故事背後所具有的一個共同點，就是每個傳主在困苦中不屈不撓，令人難忘的經歷，這些經歷經由各作者用心博覽有關資料，再三推敲求證，再以文學之筆，寫出了有趣而感人的故事。

西諺有云：「世界因有各式各樣不同的人群，才更加多采多姿。」這套書就是以「人」的故事為主旨，不刻意美化傳主，以每一位傳主的生活經歷為主軸，深入描寫他們成長的環境、家庭教育與童年生活，深入探索是什麼因素造成了他們與眾不同？是什麼力量驅動了他們鍥而不捨的毅力？以日常生活中的小故事，來描繪出這些人物，為什麼能使夢想成真。為了引起小讀者的興趣，特別著重在各傳主的童年生活描述，希望能引起共鳴。尤其在閱讀這些作品時，能於心領神會中得到靈感。

和一般從外文翻譯出來的偉人傳記所不同的是，此套書的特色是，由熟悉兒童文學又關心教育的作者用心收集資料，用有趣的故

事，融入知識，並以文學之筆，深入淺出寫出適合小朋友與大朋友閱讀的人物傳記。在探討每位人物的內在心理因素之餘，也希望讀者從閱讀中，能激勵出個人內在的潛力和夢想。我相信每個孩子在年少時都會發呆做夢，在他們發呆和做夢的同時，書是他們最私密的好友，在閱讀中，沒有批判和譏諷，卻可隨書中的主人翁，海闊天空一起遨遊，或狂想或計畫，而成為心靈知交，不僅留下年少時，從閱讀中得到的神交良伴（一個回憶），如果能兩代共讀，讀後一起討論，綿綿相傳，留下共同回憶，何嘗不是一幅幸福的親子圖？

2006 年，我們升格成為祖字輩，有一位朋友提了滿滿兩袋的童書相送，一袋給新科父母，一袋給我們。老友是美國國家科學院院士，曾擔任過全美閱讀評估諮議委員，也是一位慈愛的好爺爺，深信閱讀對人生的重要。他很感性的說：「不要以為娃娃聽不懂故事，我的孫兒們一出生就聽我們唸故事書，長大後不僅愛讀書而且想像力豐富，尤其是文字表達能力特別強。」我完全同意，並欣然接受那兩袋最珍貴的禮物。

因為我們同樣都是愛讀書、也深得讀書之樂的人。

謹以此套「世紀人物 100」叢書送給所有愛讀書的孩子和家庭，以及我們的孫兒──石開文，他們都是世界上最幸福的孩子，因為從小有書為伴，與愛同行。

簡宛

在深入接觸司馬光之前，我對司馬光的印象其實不多，一個就是非常有名，許多人知道的《資治通鑑》，司馬光所主編。另外，就是更加鼎鼎有名，就算你壓根不知道《資治通鑑》，你也絕對聽說過的故事——司馬光打破水缸救人。講到這邊大家都會不自覺的「喔——」一聲，由此可見，一個歷史人物的童年是何等重要！如果孟子沒玩過殯儀館事宜之類的辦家家酒，那就不會留下孟母三遷的故事，大家講起孟子就只會記得他話很多，同樣的，如果司馬光沒有那個稍嫌過動、又有點愛現的朋友，讓他有機會打破水缸，搞不好他還很難進入大家的記憶範圍，畢竟《資治通鑑》也不是每個人都聽過，更不用說新舊黨爭、熙寧變法之類的林林總總了。

「有遠見」，是我在深入接觸司馬光之後，感受最深刻的一個特質。也許因為司馬光是個歷史學家，他對歷代的興亡盛衰，有過相當深刻的探究，於是培養出他遠大的眼光，讓他不同於那些只著眼於眼前的利益，而沒有思考到長遠未來的官僚。所以面對北宋那樣的時代，內政相對平和，對外卻積弱不振，他的改革方式、態度都是比較正確的，不求立竿見影之效，但是要循序漸進、潛移默化。相較於王安石的躁進，這是司馬光在政治上

得到較好評價的主要原因，因為他的施政和改革，竭盡所能的做到不擾民。我們的老祖先老子對於治國這件事，曾經做過一個很生動的譬喻，他說：「治大國，若烹小鮮。」小鮮就是小魚，治國就像在煎魚一樣，想把魚煎得漂亮，重點就是不能常常翻弄牠，不然魚會被煎得破破爛爛的，最後就變魚鬆了。司馬光採取的就是這種方法，慢慢的、不擾人的，可惜宋神宗太年輕，不具備這樣的沉穩與遠見，太過好高騖遠，於是唏哩嘩啦的把魚翻來翻去，到最後民怨四起，新法自然就失敗了。而最慘的是，很多當時新法可能造成的後果，都不幸被司馬光一一言中。我想宋神宗在他晚年應該也很後悔自己當初的短視吧？

　　所以，「有遠見」是我對司馬光最深刻的印象，為了要突出這一點，我沒辦法把時間聚焦在某一點上，要有一個能夠一直流動的時間；也不適合讓「人」來評斷他，因為撰寫之際的時機太敏感，快要總統大選了啊！當然也不適合再寫武俠了，雖然宋代也是個很適合寫武俠故事的時代，除了軍隊戰力之外，不論是科技、文學、數學、醫學、藝術各方面，在當時都堪稱世界第一，用來寫武俠故事多棒啊！可是武俠跟司馬光實在扯不上關係，他的一生比起史可法、戚繼光來說是相對平穩的，不符合武俠的調性啦！而且司馬光的生活真的不太有傳奇性，也沒啥跌宕起伏，他一生最精彩的事蹟，都跟當時的政治環境有關，這種事情當然不適合讓武林人物來講述，也沒有機會讓打打殺殺的場面穿插進來。但是事情就是這樣的剛好，因為有那株莫名其妙長出來的杏花，為司馬光增加了一點神祕色彩，

於是一切因素就水到渠成啦！有神祕、有杏花、還需要流動的時光，有什麼比花妖狐魅的世界更適合的？所以啦，為了敘述方便，我從司馬光身後的評價切入，改由精靈的眼光去看司馬光的世界，看看為什麼一個人會有這樣兩極化的評價？而花妖的長生不老，對於有遠見這一特質的表現，也是比較合適的。

當然，小作者我一直也有寫這種奇幻故事的夢想，只可惜想像力有時好像差了點，萬萬比不上還珠樓主的天馬行空，也沒有羅琳阿姨那麼會說故事，不過我也很努力喔！努力讓精靈有精靈的特色，在介紹傳主的過程中，穿插一點法術的點點光采，希望能豐富你們閱讀時的想像力，從現在開始培養，以後才會創意無限喔，所以……天靈靈、地靈靈，跟著那株杏花進入萬象流光裡吧！

最後，還是那句老話，希望你們喜歡這套書喔！

寫書的人

張博鈞

目前就讀師大國文研究所博士班，喜歡看小說，尤其喜歡將各種知識融進故事情節，豐富人物特色的作品，比如曹雪芹的《紅樓夢》，比如金庸的武俠小說，比如朱少麟的《傷心咖啡店之歌》、《燕子》之類的作品。星座是射手座，卻沒有一點冒險犯難的精神，倒是有射手座莽撞的天真。喜歡冬天的寒冷，討厭夏天的悶熱；喜歡喝茶的悠閒，也喜歡喝咖啡的從容；喜歡讀詩，也喜歡讀詞……，還有其他喜歡的，一時想不起來。

忠義誠一真宰相

司馬光

司馬光

·

1019～1086

1

忠清粹德碑

明世宗嘉靖元年（1522 年）　山西夏縣

　　秋風颯颯，吹過這個一向人跡罕至的村落，捲起一陣陣黃沙。原本應是荒煙敗草、杳無人煙的坡底村*，此刻居然鼓譟著五百年來少見的喧囂，牽動著附近居民在農閒時的好奇心。

　　「大家小心啊，這巨石砸下來可是會要人命的呀！」為首一名衙役打扮的男子吆喝著多位工人，如履薄冰的搬運著一塊長約六米、寬約一米七，厚達四十公分的巨大石塊，向著坡底村的鳴條岡而來。

　　坡底村民一向知道村裡大概是埋著一個曾經顯赫一時的大人物，因為在鳴條岡附近，一個叫南原的小地方，有著一座占地百

畝的墓地，裡頭有墓穴數十塚，墓旁還有一座祠廟，供奉著一個不知道叫司馬什麼的人。至於何以知道祠堂裡頭的司馬什麼是個大人物，自然是村民根據墓園的規模作出的推測，這等規模的墓地，在這種小地方可是前所未見呢！更何況三不五時會有一些士大夫打扮的文人前來拜謁，有時還有縣官來參拜，可見這個叫司馬什麼的絕對不是簡單的人物。但村民們又不免感到奇怪，因為這座墓園占地雖廣，但卻年久失

放大鏡

＊根據司馬光的父親司馬池好友龐籍所撰〈宋天章閣待制司馬府君碑銘〉、王安石〈贈尚書都官郎中司馬君墓表〉，以及諸多文獻資料的記載，均說司馬光故里是在夏縣涑水鄉高堠里，但在今日夏縣縣誌記載中並無高堠里之名，可知高堠里是一個古地名，其範圍包括司馬氏墓地周圍的幾個村莊，如：司馬村、坡底村、小晃村、三仙莊等。至於司馬光故里究竟是在哪個村，總共有三種說法，各有各的理由，作者也沒辦法在這邊一一詳細說明，不然就沒時間說司馬光的故事了，所以作者採取最可信的說法，那就是坡底村。那為什麼故事裡的村民會不知道司馬光是誰呢？村子附近又為什麼沒有姓司馬的人家呢？下面會講到，乖乖看下去吧！

修，滿是荒草敗塚，許多石雕都已狼藉滿地。最最奇怪的是，在他們坡底村方圓百里之內，根本沒有半戶姓司馬的人家，因此村民也只能猜測這個司馬什麼的後代大概不怎麼長進，連帶把祖先的墓地都給荒廢了。

長年來的猜測其實並不是非要有答案不可，畢竟墓塚裡頭的人已經作古，對於村民的肚皮生計沒有實際幫助，但面對著近日來村裡的熱鬧非凡，實在不能不叫村民對這件事重新好奇起來。看著官差吆喝著一大隊工人，風塵僕僕的搬運著這麼一大塊巨石，村民不免趁著眾人歇腳的時刻，戒慎又好奇的開口詢問：「我說官爺啊，你們這麼勞心勞力的搬這大石頭到咱們這村裡來，難不成是要蓋廟嗎？」

負責監工的衙役忙著喝水，只搖搖頭作為回答。

「不是要蓋廟啊？那是要蓋房子嗎？老身這輩子沒見過人家用這麼大的石頭蓋房子，不知道是怎麼個蓋法？」幾名村婦七嘴八舌的討論起來。

「不是要蓋廟，也不是要蓋房子，這石塊是大老爺要咱們運到南原墓地去立碑的。」一個粗壯的工人終於吃飽喝足，熱心的為村民解答。

此話一出，村民們更是好奇了，熱烈的討論聲浪一波波的湧來。果然平日的猜測無誤，這司馬什麼的確實是個大人物，但事隔多年，怎麼突然要立碑呢？還是由官府出面來立碑，這不禁令村民們對他的身分起了前所未有的高度好奇心，而且非得到答案不可。

就見一群村民眼光一致看向身著官府服飾的衙役，期盼能從高階人員口中得到確切的解答。

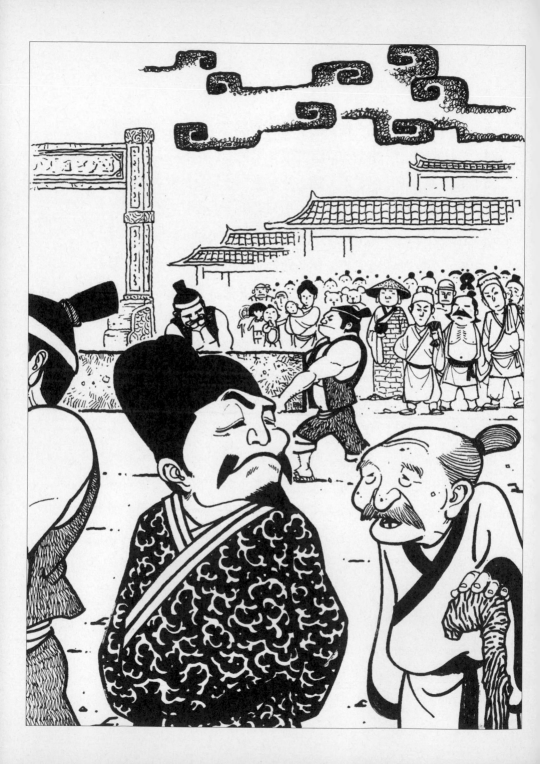

幾名官差也終於休息夠了，看著村民眼中熱切的盼望，其中一名留著山羊鬍的官差，帶著不可一世的神情，開口為眾人解惑:「這石塊可是咱們奉了山西巡撫朱大人的命令，要運去南原的司馬家祠給宋代的司馬光大人立碑用的。」

　　「哇！」大惑得解的聲浪在村民間哄然傳開，原來那個司馬什麼的大人物叫司馬光啊！還是個宋代人呢！一陣喧譁在村民間此起彼落，其中夾雜一些「我就說嘛」之類的馬後炮言論。但喧譁過後，另一個問題浮現，這個司馬光是何許人也，官府為什麼要這麼大費周章的為他立碑呢？

　　村民好奇的眼光再次聚集到山羊鬍官差身上，對於這個問題，山羊鬍官差明顯也是不解的，就見他的臉色一陣青白交錯，隨即擺起官架子，清清喉

嚨，對工人喝道：「休息夠了，該動身了！再這麼擔擱下去，日頭就要落了，可要趕不上立碑啦！」

「咦——？」略帶不滿的質疑聲浪再次在村民間哄然傳開，卻被那山羊鬍官差的一臉兇狠給壓下。

那官差畢竟不是個讀書人，只知道運這石碑是為司馬光立碑而用，但司馬光究竟是何許人也，有什麼功績，卻又不在他的知識範圍之內。事實上為了運這塊石碑，已經增加他許多的工作量了。巡撫大人上任不久，便上報朝廷說要為宋代的司馬光重立新碑，而且碑石還要依照北宋舊制，光是尋石就花了好長一段時間，最後好不容易在絳縣的稷上找到一塊紫潤堅鏗的大石料，費了一番功夫才將之雕磨成與舊制相同的規模。但絳縣與夏縣相隔二百里之遙，要運送這石碑也免

不了曠日費時之工，巡撫大人於是下令絳、解二州的官員全權負責，總共花了五個月的時間才把碑運到坡底村。他小小一名官差，光是負責押送就累得快喘不過氣來，哪裡還管司馬光的功績何等千秋萬世，被這群村民這麼一問，當場狼狽的吆喝眾人上路，免得留下來丟臉了。

看著運碑隊伍浩浩蕩蕩的離去，村民只得留在原地繼續你一言、我一語的猜測，中間夾雜一些莫名其妙、不知哪裡聽來的小道消息，也不知是真是假，但大家依舊講得十分開心，儼然對此事熟悉不已似的。然而，官差大人既然不肯說明，村民除了瞎聊一陣外，也只能等到立碑之日再來解惑了。

兩日後，便是新碑豎立之日，南原的司馬家墓園黑壓壓的擠了一群人，山西巡撫朱實昌也

9

親自到場監督。只見巨大的石碑在眾多工人同心協力下，終於穩穩的立了起來。整塊石碑，加上龜座與碑額*，總共有八米三高，碑額上題著「忠清粹德」四個大大的篆字*。

官員們為著立碑的種種事宜，在祠堂邊忙成一團，湊熱鬧的鄉親沒能插手立碑儀式，便在一旁熱烈的交換著近日得到的消息。

「據說朝廷還在紹興訪到了司馬光的第十一世孫，公祭之日便會出現，聽說司馬家還能減免賦稅呢！」語氣不勝欣羨。

「聽說這碑額上的四個字，可是大宋皇帝欽賜、親題的，可見這個司馬光大人在當時是何等顯赫啊！」消息稍微靈通的村民，儼然成為人群的中心，被所有好奇的群眾團團圍住。

「是哪個皇帝呢？」在眾人熱

放大鏡

＊什麼叫龜座跟碑額呢？所謂的「龜座」基本上就是指石碑下方，形貌似龜的石碑基座。但是這個形貌似龜的東西其實不是龜，而是龍的兒子喔！

傳說龍生九子不僅均不像龍，而且面貌各異，又各有所好，所以在世間各司其職。九子是哪九子呢？各家說法均有不同，一般是說霸下、螭（音ㄔ）吻、蒲牢、憲章、饕餮（音ㄊㄠ ㄊㄧㄝˋ）、蚣蝮、睚眥（音ㄧㄞˊ ㄗˋ）、狻猊（音ㄙㄨㄢ ㄋㄧˊ）以及椒圖，其中「霸下」，又名贔屭（音ㄅㄧˋ ㄒㄧˋ），形貌似龜，好負重，力大無窮。傳說上古時代贔屭常馱著三山五岳，在江海中興風作浪。大禹治水時收服了牠，牠服從大禹的指揮，推山挖溝，疏通河道，為治水作出了貢獻。

洪水整治完畢，大禹擔心贔屭又到處撒野，便搬來頂天立地的特大石碑，上面刻上贔屭治水的功績，叫贔屭馱著，沉重的石碑壓得牠不能隨便行走。贔屭和龜十分相似，但細看卻有差異，贔屭有一排牙齒，而龜類卻沒有，贔屭和龜類在背甲上甲片的數目和形狀也有差異。贔屭又稱石龜，是長壽和吉祥的象徵。中國一些有名石碑的基座都由贔屭馱著，所以稱之為「龜座」。至於「碑額」則是指石碑上方，上面刻著石碑標題及龍、虎、螭等裝飾。

＊你知道篆字是什麼嗎？我們現在所讀所寫的文字，叫做「楷書」，是一種比較後出的字體。在秦始皇統一中國之前，也就是春秋戰國時期，中國各個諸侯國所使用的文字都是不一樣的，不只文字不同，連度量衡、車軌等都是不同的喔。當時秦國使用的文字就是「篆字」，又叫「小篆」，相對於秦國的小篆，有的國家用的是筆畫更繁複的「大篆」，又稱「籀文」，另外在魯國用的則是所謂的「蝌蚪文」。一直到秦始皇統一六國，建立大一統的國家之後，便下令統一全國的文字跟度量衡，於是「小篆」便成為當時通用的文字。

但是因為小篆筆畫還是比較複雜，不利於平時使用，所以當時一些地位較低的書隸階級為了方便起見，便簡省篆體的筆畫，發展出所謂的「隸書」，而將隸書的筆畫轉曲為直之後，就是我們現在習慣使用的「楷書」囉！

烈討論之際，一道嬌嫩的嗓音在人群中清脆的響起，令發聲的人頓時成為所有目光的焦點。村民只見人群中立著一個十五、六歲的靈秀少女，鬢上簪著一枝鮮豔欲滴的桃花，一身粉綠衣裳，明眸皓齒，甚是嬌美動人。

眾人都沒發現少女是何時來到，也沒注意到在這秋深時節何來新鮮桃花，只是被這個問題問得一愣，然後一同看向先前發話之人，希望獲得解答。那村民在山羊鬍官差的前車之鑑下，顯然是有備而來，立刻抬頭挺胸拋出正確答案，道：「就是大宋朝的哲宗皇帝。」

「但是方才巡撫大人在上頭說了重建祠堂的始末，說原本的碑是哲宗皇帝下令仆倒的呀！」少女指著官員聚集處，不能理解兩造說辭之間的矛盾。

那村民聞言一呆，張口結舌

的說不出話，幸好旁邊一個書生打扮的文士開口替他解圍：「這碑確實是大宋哲宗皇帝時所立，但立碑時哲宗皇帝可還沒親政，是當時攝政的太皇太后──高太后賜的碑，而碑上題的字也確實是哲宗皇帝親題的。但是皇帝長大之後，聽信小人的讒言，就親口下令仆碑，據說原本還下令要對司馬光大人斫棺曝屍，後來因為有人勸諫說這樣不厚道，哲宗皇帝才沒這麼做的。」

所有人恍然大悟的點點頭，熱切的注視著那名文士，期盼他繼續往下說，那文士微微一笑，又道：「這司馬光死後受封為溫國公，所以大家都稱他為司馬溫公，他可是經歷大宋仁、英、神、哲四朝的重臣，是大宋百姓心目中的真宰相！如果諸位想知道司馬溫公被賜碑又仆碑的來龍去脈，明兒個請到鎮上的老六茶

館，聽在下細說這北宋名相的一段新書。」這文士原來是城裡說書＊的，趁著村裡立碑的熱潮，推出一段新書，今天是來這兒宣傳的。

文士的話音剛落，正想瞧瞧先前那名少女作何反應時，卻已不見少女的身影，只留下努力想再從文士口中挖出更多內幕的村民，正七嘴八舌的擠在他身邊鬧成一團。

山西巡撫朱實昌結束手邊的事務，終於有空可以坐下來喝杯茶。為了替司馬光修整祠堂、重

＊你知道什麼叫「說書」嗎？說書又叫說話，話就是故事，說話就是講故事的意思，這是唐以來開始發展的一種市民通俗文化，在宋代的時候更為興盛。因為以前沒有電視、電影、電玩這類的娛樂，所以到瓦舍或勾欄，也就是宋代的娛樂場所，去聽說書人說故事就成為當時時興的娛樂活動，根據宋代筆記的記載，當時說話的故事已有分類，有言情的、歷史的、神怪的、時事的等等。中國的白話小說之所以發展起來，受到說話的影響很大，現在所見的《水滸傳》、《三國演義》等長篇小說，都是說話長期累積下來的故事改編的喔！

立新碑，朱實昌也著實忙了好一陣子，現在總算是告一段落，接下來就是等公祭之日的到來，好對世人表彰司馬光這千古名臣的風範。

「大人，事情已經大致處理妥當，您是否要先行回府歇息？」一名儒雅的男子走進官府大堂，躬身上前詢問。

「坐下來一道喝杯茶吧！剛沏上的香片，很是甘甜。」朱實昌看著自己的書記官，笑道：「司馬溫公這碑倒了五百年，到今日總算又重新立起了，真是值得高興的一件事。」

「是啊。」書記官欠身落座，眼光看向外面，溫文的說：「而且大人還訪得當世雕工一流的匠師，將蘇軾為司馬溫公所寫的神道碑碑文重新刻上，已經盡復石碑舊貌了。」

朱實昌聞言微微一笑，旋即

想到北宋末年舊事，他不禁嘆道：「北宋哲宗以後，新舊黨爭越演越烈，不論黨爭怎樣變化，司馬溫公總是處在最被關注的浪頭之上，舊黨主政則恢復其榮銜，新黨得勢便追貶他，徽宗崇寧年間，更立元祐黨籍碑，列司馬溫公等一百二十人的罪狀，將溫公打為奸佞一流，兩黨就這樣交相傾軋，虛耗國力，終於葬送了大宋江山。唉！黨爭誤國，莫此為甚。」

「儘管徽宗時立元祐黨籍碑弄得朝廷之中一片風聲鶴唳，但溫公清名仍是深入民間的呀，大人。據傳當日各州立碑時，長安有個名叫安民的石匠受命刻石時便說：『小人沒讀過幾年書，不懂得立這碑石的用意，但像司馬相公這樣的為人，普天下都稱讚他的正直，如今卻要說他是奸佞之人，這些字眼我是刻不下去的。』

　　當時主辦官員因此要辦他的罪，石匠安民就流淚說道：『這件差事我是不敢辭的，只求碑尾不要刻上小民賤名，以免為後人所笑。』連一個小小的石匠都知曉溫公的正直，一時的浮雲蔽日又何需罣礙呢？」

　　朱實昌聽了之後笑道：「是啊！元祐黨籍碑早就因新黨失勢被砸毀，湮沒在歷史長河之中，而溫公不只新碑復立，連斷裂的舊碑亦得保存，孰是孰非，後世早有公斷。」

　　書記官點頭笑道：「大人可知這舊碑是怎麼被發現的嗎？」

　　「如何不知？」朱實昌笑著瞄了書記官一眼，接著說道：「當年仆碑之後，碑石斷成四塊，並被磨去蘇軾手書親撰的碑文，接著金兵入主中原，司馬家族懼禍逃散，導致陵園荒蕪，碑碑也因此長埋於風沙之中。過了約莫五十

年，金朝皇統八年（1148年）八月，新任夏縣縣令王廷直因為仰慕司馬溫公，親自到墓前拜謁，卻發現原本立碑的龜座之處長出一株繁華茂盛的杏樹，枝幹如蟠龍屈曲，回環交護，就像在守護著什麼似的。王廷直對此驚嘆不已，便命人在龜座附近挖掘，果然在土層之下發現了四塊斷碑。王廷直便重新在碑石上刻上蘇軾所寫的碑文，當時餘慶寺的和尚圓珍還捨錢修了神道碑堂，把四塊斷碑嵌到碑堂的牆壁之中。」

書記官聽到這裡，起身向朱實昌作了個揖，道：「四百餘年後，更有山西巡撫上奏朝廷，重立『忠清粹德碑』，大人為司馬溫公所做的，更勝前人哪！」

朱實昌對書記官的恭維但笑不語，良久才道：「歲月悠悠，風雲變幻，司馬溫公身為一介史家，若他今日仍然在世，不知會

對自己五百年間起落不定的聲譽下個什麼樣的斷語呢？」

　　思及悠遠綿緲的歷史，兩人一時之間均靜默無語。在這無聲勝有聲的時刻，從廳堂上方的梁柱間，突然飄下幾片粉嫩鮮豔的桃花瓣，其中一片正不偏不倚的落在朱實昌面前的茶盅裡，輕紅纖柔的花瓣，在碧綠的清茶上悠悠漾著。

　　「這……深秋時節，如何會有這般鮮嫩的桃花？」朱實昌錯愕的看著茶盅。

　　「大人，莫非是司馬溫公感念您的所作所為，特地顯靈降瑞？」書記官適時的為長官戴上一頂高帽。

　　朱實昌微微一笑，起身道：「咱們到祠堂去吧！」

　　兩人離開之後許久，安靜的大堂吹過一陣清風，在陽光映照下顯得十分幽靜。本應是一派靜

謐的廳堂，卻突然響起一男一女的爭吵聲。

「早就叫妳小心一點了嘛！偏偏還把桃花撒到他的茶杯裡去，是怕凡人不知道妳躲在上頭嗎？」

「有什麼關係？反正他們會當成是一件祥瑞之事啊，搞不好還會寫成一篇文章來歌頌今日的雅事呢！」

隨著爭吵音量的加大，在原本安靜的廳堂裡，緩緩浮現一男一女兩個身影，女的是穿著粉綠衣裳的靈秀少女，正是先前在人群中神出鬼沒的女子；男的則身穿繡有墨竹圖樣的墨綠色長袍，是個容貌俊朗、氣度飛揚的十七、八歲少年，他此刻正緊皺著雙眉，顯然對於少女的失誤仍舊相當不滿。

少女被念得有點哀怨，伸出纖纖素手摀住雙耳，道：「唉唷！

你不要一直念嘛，這又不是第一次了，幹嘛那麼大驚小怪的。」

「就因為不是第一次我才需要大驚小怪，說了妳那麼多次，妳怎麼就是學不乖啊！」少年被少女的申訴言詞弄得更加火大，少女被兇得緊，只想快快轉移少年的注意力。

「哎呀！那不是重點啦，我比較好奇的是，你有沒有搞清楚他們剛剛說的東西啊？」他們兩人因為近日坡底村難得的喧鬧，興起了強烈的好奇心，於是便隱身在梁柱上旁聽了好一段時間，可是大概是因為他們一向離群索居慣了，否則怎麼會對其中的內容不太能夠了解呢？

少年搔搔頭，道：「聽是聽懂了，但是凡人為啥這麼奇怪啊？明明是同一個人，怎麼一下說他正直，一下說他奸詐啊？還是他們說的司馬光其實不是同一個

人呢？」

「對啊，一下說他功德高遠，對他備極榮寵，一下又把他貶得跟什麼似的，石碑立立倒倒，真的是很反覆耶！而且都隔五百年了，還在鬧這些事！」少女皺皺鼻子，不解的說。

「還有一件事更奇怪，妳有沒有注意到？」少年突然故作神祕的湊近少女耳邊低聲詢問。

少女點點頭，配合他神祕的低語：「你說的是那株龜座旁邊突然長出來的繁盛杏花嗎？那株好像在守護什麼的杏花。」

兩人的眼光默然對上，心有靈犀的同聲說道：「那……該不會是師父吧？」

2 銅駝陌上桃花紅*

　　在坡底村附近的重重山林之中，有一處雲霧繚繞的所在，此地長年來煙嵐嫋嫋，終日縈聚不散。然而，在山嵐深處，生長著一大片的杏樹林，在這秋末冬初，萬物理應一片枯黃的時節，這片林子的杏花居然仍舊有如噴火蒸霞般盛開，全然不受時令的限制，招展出明豔的無邊春色。

　　一名女子神色端嚴的坐在杏花林中，她是這片林子的主人，一個修煉千百年有餘的花妖，名喚冰綃。此刻，她若有所待的望著前方的一片空曠，料定她的兩

放大鏡　　＊這是司馬光二十二歲時，也就是宋仁宗康定元年（1040 年）時寫的一首〈洛陽少年行〉裡的一句詩，詩句的意思是說他在洛陽一條名為銅駝的道路上，看見桃花如雲的景色。

　　後面每一章都會引用司馬先生的一句詩作標題喔，如果看不懂，記得請教老師或家長喔！

個孽徒會在下一個瞬間出現在眼前。果不其然，隨著虹光的迸現，兩道身影憑空出現在林中，落點正對著冰綃肅然的面容。

憑空出現的兩人原本興高采烈的神情，在看到師父嚴肅的神色之後，立刻轉為心虛，連原本一肚子的疑問都暫時不敢說出口。冰綃看著她的兩個徒兒，一個是桃花化身的美貌少女，名叫其華，一個則是碧竹精魂凝聚的昂揚少年，取名解虛。兩人修煉出人形的年資都未及五百年，是連天劫都還未曾經歷的資淺妖精，偏偏又不專心修煉，老愛找機會插手人間閒事，讓她無時不在後悔當初的收徒不當。

「你們倆又到哪裡湊熱鬧去了？」聲音不冷不熱，聽不出其中的情緒，讓其華與解虛一時不知如何回應。

其實她不用問也知道兩個孽

徒去了哪裡，最離譜的是，這次她還不能對他們發火，因為這是她在四百多年前就種下的。若不是她四百年前小小插手了凡間的事，今天兩個徒兒也不會去湊這個熱鬧，唉！

一時沒有被責備，其華偷偷瞄了瞄師父的神色，似乎不是很生氣的樣子，她也就大著膽子開口了：「師父，坡底村那邊的司馬家墓園最近很熱鬧哪！聚集了好多凡人，都在說宋代名相司馬光的事呢！」

「那與你們無關不是嗎？你們理應做的是潛心修煉，而不是鎮日到處胡鬧！」因為知道起因在己，冰綃的口氣並沒有那麼嚴厲。

「話雖如此。可是，師父，您是不是也插手過這件事啊？」解虛一向直性子，也不迂迴，直接問出心裡的疑惑。

　　冰綃嘆了口氣，心一橫，索性直接說了：「沒錯，我是插手過這件事，因為我曾經欠司馬家一個恩情。」

　　其華與解虛交換了個眼色，看師父似乎有一肚子的陳年舊事要說，兩人連忙坐下來聽師父講古。

　　他們兩人修煉時日太短，雖然也是將近五百歲的高齡，但以修煉界的妖精動輒數千歲的年紀看來，五百年實在短得不可思議。可是，儘管只是短短五百年，在人世間也不知道淘盡了多少英雄好漢，可惜他們總是遠離凡塵，因此對於人間的事常常是有看沒有懂，難得師父願意講古，兩人自然要好好把握時機。

　　「我們妖精在修煉到一定年限時，必須要經歷天劫才能繼續修煉，如果過不了天劫，那一切就必須從頭來過，這點你們也是

知曉的。北宋初年，我已經修煉到一定的年限，即將經歷三大天劫中的雷劫，為了避過雷劫，我一直在注意有無積善正直的賢德人家，可以供我閃避雷劫，便是在這樣的因緣之下，我才會注意到司馬家。」儘管是修煉千年的妖精，冰綃說起前塵舊事，語氣在通達中仍是帶點迷濛。

　　「司馬家族的先祖最早可以上溯到顓頊時代的重黎氏，重黎氏在西周時期是程國之伯，字休父，一般稱為『程伯休父』。你們去湊熱鬧時聽說的那個司馬光就曾刻有一方私印，上頭寫著『程伯休父之後』，據說他閒居洛陽時，與當時著名的理學家邵雍時相往來，有時也自稱『程秀才』，也是因為其先祖為程伯休父的關係。程伯休父在西周時期原本擔任的是司天司地的官職，基本上就是所謂的史官，司馬氏

之所以出了兩個著名的史學家，跟這淵源大概也是有點關係的吧！」

「兩個？一個應該是司馬光，他寫《資治通鑑》我是知道的，那另一個是誰呀？」其華不解的問。

解虛右手一揚，一部《史記》＊便出現在其華眼前，他補充道：「就是寫這一本書的人，他

＊《史記》是中國第一部紀傳體的史書、第一部通史，記載了中國從黃帝時期一直到漢武帝太初年間的史事，對中國後代的史書撰寫有很深遠的影響喔！

什麼叫「紀傳體」呢？基本上就是以人物為主的歷史書寫。那為何稱之為「紀傳」呢？因為《史記》的體例分為本紀、世家、表、書、列傳，取本紀與列傳各一字，故稱「紀傳體」。

中國歷史的書寫除了紀傳體之外，還有以年代為次序的編年體，以事件始末為主的紀事本末體，還有分國記載史事的國別體等，司馬光所撰寫的《資治通鑑》就是一部編年體的史書喔！

那什麼叫做「通史」呢？中國史書可以分為通史和斷代史，單記載一個朝代歷史的史書叫做斷代史，比如班固的《漢書》只記載西漢一朝史事，所以是斷代史，而通史則不只記載一個朝代的史事，像《史記》就從黃帝時代寫到西漢初年。《資治通鑑》也是通史，是從周威烈王二十三年（西元前403年）三家分晉，也就是戰國時代開始，一直寫到五代十國。

叫司馬遷＊，是西漢時代的人，可有名了。」

　　冰綃點點頭，接著說道:「程伯休父在周宣王時代，不知道因為什麼緣故丟掉了司天司地的官職，從此姓氏也改為司馬。到了三國時期，司馬氏出了一個司馬懿，一個才智不在諸葛亮之下的能人，司馬氏後來奪得魏國的政權，建立晉朝，司馬懿的次弟司馬孚受封為安平獻王，這便是司馬光的直系祖先。

　　「司馬孚的裔孫是北魏＊時的征東大將軍，死後葬在夏縣涑水鄉高堆里，從此司馬氏便定居於此。後來，司馬家家道中落，從唐至宋，將近四百年的時間都默默無聞，但我注意到他們家即將出現賢德之人，其德行適足以庇護我避過天劫，那便是司馬光的父親司馬池和司馬光兩人了。」

　　「所以師父說司馬家對您有

恩ㄣ，是ㄕ因ㄧㄣ為ㄟˊ您ㄋㄧㄣˊ曾ㄘㄥ託ㄊㄨㄛ庇ㄅㄧˋ於ㄩˊ司ㄙ馬ㄇㄚˇ家ㄐㄧㄚ以ㄧˇ避ㄅㄧˋ天ㄊㄧㄢ劫ㄐㄧㄝˊ嗎ㄇㄚ？」解ㄒㄧㄝˋ虛ㄒㄩ恍ㄏㄨㄤˇ然ㄖㄢˊ大ㄉㄚˋ悟ㄨˋ的ㄉㄜ說ㄕㄨㄛ。

　　見ㄐㄧㄢˋ師ㄕ父ㄈㄨˋ點ㄉㄧㄢˇ頭ㄊㄡˊ，其ㄑㄧˊ華ㄏㄨㄚˊ跟ㄍㄣ著ㄓㄜ又ㄧㄡˋ問ㄨㄣˋ：「司ㄙ馬ㄇㄚˇ光ㄍㄨㄤ的ㄉㄜ父ㄈㄨˋ親ㄑㄧㄣ也ㄧㄝˇ是ㄕ個ㄍㄜ賢ㄒㄧㄢˊ德ㄉㄜˊ之ㄓ

放大鏡

＊司馬遷是《史記》的作者，他的父親司馬談也是史官，司馬遷從小就受到良好的教育，長大後繼承司馬談的史官職位，同時繼承父親遺志，預備撰寫一部通史。在漢武帝太初年間，司馬遷開始《史記》的撰寫，但在漢武帝天漢三年（西元前98年），因為李陵兵敗投降匈奴，漢武帝震怒，滿朝文武都認為李陵罪大，全家當誅，司馬遷則為李陵辯護，觸怒武帝，被投入牢獄並施以宮刑，司馬遷深感恥辱，出獄後，發憤撰寫史書，最後終於完成這部曠古絕今的傑作。你好奇司馬遷的故事嗎？「世紀人物100」系列裡也有他的故事喔！

＊前面有一個「魏」，後面又有一個「北魏」，你有沒有頭昏呢？讓作者來為你解釋一下。在中國歷史上，從東漢末年算起，到隋朝統一天下為止，有一段長達四百年左右的分裂時間，歷史上稱之為「魏晉南北朝」，「魏」指的正是三國鼎立時期的曹魏，這個政權是魏王曹操所建立，他的兒子曹丕後來篡漢自立，便改國號為魏。魏的政權後來旁落到司馬氏手中，司馬氏篡魏自立，建立了晉朝，中國有了短暫的統一，是為「西晉」，西晉建國沒多久就因為五胡亂華，丟掉了北方的江山，偏安到江南去，是為「東晉」，從東晉算起，加上往後的宋、齊、梁、陳，便是所謂的「南朝」。這時的北方為胡人所占據，先後建立了幾個國家，如：前秦、北魏、北齊、北周等，這些國家便被統稱為「北朝」。冰綃提到的「北魏」，其實是由鮮卑人拓跋氏建立的，是北朝的其中一個朝代。這樣你懂了嗎？

人呀？」

　　「是的，司馬氏開始又在政治上嶄露頭角，其實是從司馬池開始的。司馬池的父親司馬炫雖然也曾中過進士、當過官，但只是一個從八品的小官，史冊中也未曾為他立傳，所以司馬氏一家的再次榮顯，是從司馬池開始的。司馬池不僅為人嚴肅謹慎，自奉儉約，他還是個純孝之人。據說他進京考試時，家裡曾寄來家書一封，告知他母親去世的消息，這封信被他的朋友收到，朋友怕影響他考試，便沒告訴他。但也許是所謂的母子連心吧，司馬池一直覺得心神不寧，隱隱覺得家中有事發生，朋友見瞞不住了，才告訴他家書的內容，司馬池一聽就放聲大哭，顧不得殿試在即，立刻趕回家去了。」

　　其華聽了這件事之後，不覺喜形於色，笑道：「原來不考試就

是凡人所謂的純孝啊？那我上次沒去考修煉考試，不也可以稱為純孝嗎？」

解虛聽了之後眉頭微皺，疑惑的說：「前提應該是要有母親去世吧？妳有母親嗎？」

「咦？是這樣嗎？我有母親嗎？」其華不解的看向師父。

聽了二徒狀況外的對答，冰綃不禁嘆了口氣，道：「提供妳種子的母株並沒有經過修煉，所以以凡人的眼光來看，妳的母親已經不在了。」其華聽聞此言，正準備效法司馬池放聲大哭，冰綃立即又說：「妳可能要哭到毀去五百年的道行才會被視為純孝，所以別白費力氣了，下次修煉考試再缺席，為師便將妳逐出師門！」

其華心虛的吁了口氣，試圖轉移師父的注意力，於是問道：「那除了純孝之外，司馬池還有什麼值得稱許之處呢？」

冰綃也不忙著在此時訓誡徒兒，便接著道：「司馬池事親至孝，為官清廉，勤政愛民，視民如傷，當時人稱道他為政時大抵是以端正綱紀、阻塞僥倖、壓抑權豪、撫恤孤弱為宗旨，號稱一時名臣。而且他做事謹慎小心，具有遠見，在他擔任郫縣縣尉時，不知因何謠言四起，說當地駐軍與胡人勾結叛亂，謠言越傳越是繪聲繪影，弄得人心惶惶，縣令、主簿都棄官私逃，於是一縣事務都落到司馬池身上。

「當時正值元宵佳節，按凡人的習慣是要燃放花燈、官民同樂的。司馬池先仔細打聽消息，確定謠言不實之後，便下令元宵照舊鬧花燈，並且要大開城門，讓四鄉農民可以隨意進城歡慶元宵。當時許多人都勸他不要冒險，但他執意如此，鬧花燈鬧了三個通宵，結果並無駐軍叛亂，

也沒有蠻族入侵，謠言便不攻自破了，司馬池還因此贏得了當地縉紳的信任。他從縣尉逐漸往上晉升，最後當到從四品的天章閣待制，都是憑著他嚴以律己的德性與實力，而他高貴的人格特質，對他的兒子司馬光，著實產生了相當重要的潛移默化之功。」

「師父，那您是何時在司馬家躲避天劫的啊？」聽了一大串司馬池的事蹟之後，解虛數著日子詢問。

冰綃笑道：「那時我還是一個修煉年限未滿千年的小妖精，我在司馬家避雷劫時，正好是司馬池已經生了兩子一女，司馬光即將出世的時候，此時其家福德正厚，天眷正隆。」

「那如果他家福德不夠深厚會怎樣？」其華不解的問。

冰綃正色答道：「假若如此，那麼不僅無法避過天劫，還會為

他們帶來災難，罪業深重，因此你們將來要歷天劫之時，務必謹慎小心。」

其華與解虛在師父嚴肅且鄭重的神情下，也深知事情的嚴重性，於是慎重的點點頭，一點也沒敢造次。

冰綃見二徒受教，讚許的向兩人微笑，其華見師父一笑，立刻忍不住開口：「師父，既然您要報司馬家的恩，那您為什麼只在司馬光死後施法護住他那塊斷碑，而不是懲奸除惡，替他開拓康莊大道呢？」

「司馬家雖然對我有恩，但為師真正能做的也不多，畢竟人世萬事的運行自有其規律，不是我等能夠隨便插手的，任意干涉是會觸犯天規的。何況像司馬光這樣高官顯爵之人，他的言行是有可能左右當世發展的，為師若干涉太多，會破壞天地倫常的。」

解虛對這樣的情況一向不能理解，他道：「所以師父只能護住那塊碑石，卻不能對他的人生有實質幫助嗎？這樣的報恩豈不是很消極嗎？」

「禍福相倚，一切在冥冥中自有定數，如果我以報恩為由，對他的生命做了許多變動，那他是否會是今日人間所知的名相司馬光呢？他的生命會不會走成另一個模樣呢？命裡該遭遇到的事情就是必須經歷，否則生命的面貌必然會變動，而你我也都無法保證在為恩人擋了某個劫難之後，隨之而來的必然是福氣，更會因此弄亂世間運數啊！」冰綃也是在修煉千年之後才深刻懂得這個道理。

「那司馬光是個什麼樣的人哪？何以凡人歷經五百餘年還在替他平反呢？當時又是為什麼會有兩極化的評價？」凡人這種莫名

其妙的舉動，才是其華跟解虛此刻最想了解的。

　　冰綃了解徒兒心裡對人世的諸多不解，她也想趁此機會教導他們，於是微笑回應：「先前不是說過司馬光的人格受到他父親很大的影響嗎？這便讓你們瞧瞧他少年時期的模樣。」冰綃說完，素手微揚，清輝閃爍，空中浮現叢叢飛舞的杏花瓣，與林中繚繞的雲霧共旋，轉成一道漩渦，漩渦越轉越大，中心部分漸漸澄清，澄清成一片光幕，而後在其中浮現出隱隱晃動的人影……。

　　「這是萬象流光咒，可以開啟時空，悠遊古今，為師將時間設定在司馬光童蒙、少年時期。瞧！那個頭上紮著兩個小包的孩童便是司馬光。」其華與解虛順著師父的解說望向漩渦中心，果然看到一個約莫五、六歲的孩童在一間房內，桌上堆滿了青核桃，

司馬光正想著要怎麼給青核桃脫皮。

　　司馬光皺著小臉，想方設法的剝著核桃皮，小小的手指都弄得發紅了，卻依然成效不彰。姐姐在一旁瞧見，連忙過來看看司馬光的手，司馬光偏著小臉，像在跟核桃賭氣似的。姐姐微微一笑，摸摸他的頭，陪著坐在桌邊，兩人一起想辦法。誰知弄了好一陣子，青核桃頑強如故，姐姐也沒法兒了，司馬光眼中泛淚，眼看就要哭了。姐姐好聲安慰他，連忙去找人想法子，姐姐走後沒多久，家裡一個丫鬟走過來，見司馬光對著青核桃猶不死心的硬剝，急忙上前阻止他繼續使用蠻力，畢竟這樣不僅無功，還會傷害到自己。

　　丫鬟替司馬光弄來一鍋水，把水煮開，將青核桃給泡軟之後，居然輕而易舉的將青皮給脫

了下來。司馬光喜出望外，起勁的剝著皮。丫鬟摸摸他的頭，之後便做自己的事去了，這時姐姐正巧轉了回來，見司馬光已經成功替青核桃脫去外皮，便問他是誰弄的，司馬光卻說是自己想到的法子。姐姐正要稱讚他時，司馬池從門廊外走了進來，一臉嚴肅，狠狠的訓斥司馬光不應該說謊，嚴厲的教導他誠實的重要性，並且做了個機會教育，問司馬光從剝核桃的過程中學到了什麼。

「這件事對司馬光的影響很大，他一生為人誠信篤實，從不說浮誇不實之語，便是因為這件事的深刻教育之故。司馬光說他自己沒什麼值得稱道的地方，唯一一件就是平生事無不可對人言，北宋大文豪蘇軾在他為司馬光所寫的神道碑中，便將司馬光一生的德行，歸結為『誠』、

『一』兩字，這兩個字貫串他一生行事、人格、品行乃至於為政。」冰綃解說完畢，水袖輕揚，流光中的畫面又變。

畫面中出現一群小童，司馬光也在其中，年紀比先前的畫面裡稍大一些。幾個小孩子在院子裡追逐嬉鬧，其中有個特別頑皮的小孩，老愛引人注意，見院子邊擺著一個高大的水缸，居然爬了上去，自以為了不起的在上頭搖晃著身子，一群小朋友圍在一邊開心的拍手叫好。誰知水缸邊的青苔溼滑，那孩童腳底一滑，整個人「撲通」一聲栽進水缸裡，大聲掙扎呼救，一群小孩子們嚇得不知如何是好，紛紛哭著跑開。司馬光在水缸邊惶急萬分，不及細想，抱起一邊的大石頭便往水缸砸去，水缸應聲破裂，小孩便隨著水流出，救回一條小命。

「哈哈！那個小孩真是白癡，沒事在水缸上招搖個什麼勁，要不是司馬光腦筋動得快，他淹死了也沒處喊冤哪！」其華毫不同情的嘲笑孩童的幼稚。

解虛在一邊點頭附和：「是啊，真蠢！凡人的小孩都是這樣長大的嗎？不過剛剛我還真的緊張了一下，差點施法救人了呢！」

「這可不行！這些都是已發生過的事，你們不可隨意干涉，否則會改變歷史的。」冰絹見兩個徒兒聽命點頭，便接著說道：「司馬光雖然機伶，但他其實不是天才早慧的小孩，跟同年齡的小孩相比，他背書常常比不上別人，當別人都背完書在玩耍了，他卻還背不出來。可喜的是，在這種情況下他不會荒廢書本，反而比別人更下苦心、更花時間，堅持把書背到滾瓜爛熟才罷休。而且常常利用一些零碎時間，複習已

經記誦的書本內容，思索其中的涵義，因此收穫頗多。司馬光雖然不善於背書，可他開始聽講《左傳》＊的時候，他不僅興趣濃厚，回家之後還能把內容講述出來，從小就奠定了他在史學方面的基礎。」

其華若有所悟的說：「這樣說來，我學御風術和變身術時進展快速，也和我的興趣有關囉！難怪師兄在這方面一向不及我。」

解虛不屑的瞄其華一眼，嗤

放大鏡

＊《左傳》是一本史書，為《春秋》三傳之一，記載的是春秋時代的歷史。什麼是《春秋》呢？這是孔子根據魯國的歷史所寫的一本史書，以魯國的歷史為中心，旁及當時其他各國的史事。但《春秋》記事十分簡要，往往以一個字的有無增減，蘊含著孔子的褒貶之意，後世的人怕大家不懂得《春秋》中所隱藏的孔子的微言大義，所以就為這本書作解釋。由於《春秋》是「經」，因此解釋它的書，便稱為「傳」，在《春秋》的傳裡，最著名的有三本，《左傳》就是其中之一，相傳是魯國大夫左丘明所作，因此稱之為《春秋左氏傳》，簡稱《左傳》。《左傳》撰寫的體例是編年體，和《史記》的紀傳體不同。什麼是編年體和紀傳體呢？忘記了嗎？可以翻回去看看喔！

笑道：「妳做事常出包，逃命的法術自然要練純熟些，我看妳隱身術老是出錯，大概也和妳迷糊少根筋的個性有關。」

其華聽到解虛損她，若不是師父制止，便要跳起來跟他吵出個是非曲直。冰綃搖搖頭，再次感嘆自己當初收徒時眼睛到底長到哪裡去了。她素手輕揚，再次變換了流光的畫面，這次出現在畫面中的司馬光，已經是個長身玉立的青年。

仁宗寶元元年（1038年），司馬光二十歲，這一年他考中進士甲科第六名。根據朝廷慣例，考中進士科的人，得以參加朝廷舉辦的「聞喜宴」，皇帝會欽賜參加宴會的新科進士每人一朵大紅花佩戴，但司馬光卻不肯戴。他一向儉素慣了，這種習慣在年幼時便已養成，幼年時家人若為他準備金銀華美的服飾，他看了便感

到羞赧，更別說把它穿上身了，
此刻要他把如此鮮豔的花朵簪戴
在自己身上，怎不讓他感到彆
扭。還是與他同年中進士的朋友
勸他說：「此花乃聖上欽賜，不佩
不尊。」他才勉強挑了一朵最不起
眼的花戴在身上。

　　「根據宋代的官場制度，朝
中文武官員到了一定品級，其子
弟、親戚便可因蔭受補為官，稱
之為恩蔭。司馬光早就有恩蔭的
機會，但他卻推辭不受，讓給他
的兩位堂兄，到他十五歲那年，
朝廷又有恩蔭，他才受補為郊社
齋郎。他既已有恩蔭在身，又中
進士，一人而身兼雙重出身，在
當時是很受看重的，但司馬光並
不以此而驕傲，他認為虛名不值
得重視，重要的是內在的實質。
因為他一向秉持這樣的觀念，所
以從小就很受父親友人的賞識，
其中一個是龐籍，他對司馬光的

一生仕官有很深的影響，另一個是張存。張存對司馬光一見中意，第一次見面便對司馬池說，等到司馬光長大，要把自己的三女兒嫁給他。就是在司馬光考中進士的這一年，他也和張存的三女兒完婚了。」

解虛想到什麼似的，接口說道：「我聽說凡人有所謂人生四大樂事，什麼久旱逢甘霖，他鄉遇故知，洞房花燭夜，金榜題名時，司馬光在一年內就完成了兩件，應該是夠快樂了。」基本上除了「久旱逢甘霖」之外，其他三件事他都不覺得有啥好樂的，凡人的觀念還真是奇怪呢！

其華看出解虛表情所蘊含的意思，便附和道：「我也不覺得這是什麼很值得高興的事，尤其後面兩件，是怎麼算進來的啊？湊數的嗎？」要她說，平添一甲子的功力才叫樂事吧？可惜世上沒有

不勞而獲的事啊！

　　冰綃理解的笑道：「人的一生不過百年，這兩件事代表了生命中的重要階段，自然是樂事了，而這在我等眼中不過轉瞬繁華，自然不值一哂。」

　　其華歪著頭，不解的說：「這樣說起來，是不是我們的日子過得太枯燥了呢？」想她修煉成人以來，生命中除了修煉就沒別的事了，而且她在妖精界裡還算是混的了，其他妖精的日子可想而知。

　　冰綃見徒兒似乎動了思凡之意，瞄了她一眼，冷冷的說：「如果妳嫌日子過得太過安逸無聊，為師不介意為妳接下來的一百年安排一些刺激的修煉課程，以彌補妳上次缺考的遺憾。」

　　其華聽聞師父冷得發寒的口氣，不由得打了個寒顫，哈哈的乾笑兩聲不敢搭話。解虛在一邊

偷笑的同時，好奇的問道：「師父，這個張存之女跟司馬光的感情如何呢？」凡人最喜歡談些情情愛愛的事了，不知道司馬光這個人有沒有這方面的慧根。

解虛問出這一個問題，令冰綃不禁詫異的揚高了雙眉。解虛身為竹妖，秉性一向是耿直到不知道拐彎，如今居然會問出這種牽扯情愛的問題，顯然亦是微有思凡之意，這讓她打從心底為兩名徒兒的未來擔憂起來。常言道「事不關己，關己則亂」，她隱隱感覺二徒的未來似有劫難，卻怎麼也推算不出，只怕這事與她是脫不了關係的。冰綃難得的出神，讓其華與解虛都感到驚訝，卻又不敢驚擾師父的沉思。

凡人常說：「船到橋頭自然直。」冰綃轉念一想，心頭便即釋懷，笑道：「這張存之女也可算是個才貌雙全的女子，她比司馬光

小四歲，卻比司馬光早四年去世，在她與司馬光四十五年的婚姻生活中，兩人也算是一對恩愛夫妻。基本上她是一個相當符合當時婦德要求的女子，司馬光對她相當敬重，在她生的兩個兒子都不幸夭折之後，她為司馬光納了個妾，但司馬光卻從來沒有親近這個姬妾，以當時眼光來說，他對她算是非常情深義重的。」

「咦？沒有轟轟烈烈的愛情故事啊？」其華非常失望的垮下雙肩。她還記得之前聽說有個修行千年的白蛇精愛上一個凡人，整件事在妖精界、天界鬧得沸沸揚揚，怎麼凡人之間的感情反而淡得連一丁點兒話題性都沒有呢？

冰綃雲淡風輕的說：「轟轟烈烈通常來自於災難與阻礙，不見得有什麼值得誇耀之處，平淡而綿長的感情才是深刻而雋永的。就像凡人常說的『平凡便是

福』，司馬光與妻子的感情雖然平淡，但長久以來相互扶持，這樣的感情更是令人動容。」

　　其華與解虛互望了一眼，聽不太懂師父到底想表達什麼。冰綃在心裡嘆了口氣，也不知道此刻是該喜還是該憂，徒兒不解凡人情感，對於他們的修煉自然是件好事，但這種不懂若來自於無知，卻又有種難以言喻的危險。可是，感情這種東西，就算是凡人也未必能弄得清楚，他們這些身在局外的妖精，又怎麼能夠真正了解呢？也罷，冰綃搖搖頭，不想在此事上多做文章，便轉開話題，悠悠的開口。

　　「中進士之後，司馬光被派往華州任判官，此時司馬池正好是同州知州，兩地相近，方便司馬光孝敬父母。一年之後，司馬池調任為杭州知州，司馬光為孝親方便，便請調到杭州附近的蘇

州去任判官。司馬光經常往來於蘇、杭之間，對當地民俗相當了解，很快便成為司馬池的得力助手了。司馬池在杭州知州任上呈給朝廷的〈論兩浙不宜添置弓手狀〉，正是出自於司馬光之手。這篇奏章充滿司馬光憂國憂民之情，是他在深刻了解民情、國情之後所寫，對當時北宋用兵之策具有相當強烈的針對性，是十分有遠見的。」

「這樣說來，司馬光在仕途上想必是一帆風順吧？」解虛順著師父的話尾問道。

其華伸出右手，正欲掐指一算，展現近日苦修的玄算功夫，卻眉頭微皺，問道：「怎樣才叫一帆風順哪？」

解虛見她裝模作樣，不禁嗤笑道：「妳這通天玄算的功夫還沒夠火候，我比妳還早修習都算不出了，妳還擺這什麼譜？」

　　其*華*聳聳肩，回嘴道：「你跟我半斤八兩，別在那大吹法螺了！」

　　「嘿！至少妳師兄我懂得藏拙、懂得虛心求教，不像妳老愛瞎鬧，瞧這會兒又耽誤多少時間了！」

　　冰綃皺著眉頭，伸手制止兩人繼續拌嘴，淡淡的說：「怎樣才叫一帆風順，為師也很難遽下定論，但依司馬光的才學及其出身，加上宋代的官制設計*，假以時日他定能晉升朝廷重臣。但在他中進士兩年後，先是他母親過世，按照禮法，司馬光必須離職服喪三年，喪期未滿，他的父

　　放大鏡

　　*根據宋代官制，官員的考核每三年舉行一次，就是所謂的「三年一磨勘」，官員們只要在任內不發生過錯就會加以升遷，因為年資列入考核，所以冰綃才會說司馬光假以時日會升任朝廷重臣，但這還是有考量到他的才能才說的話喔！因為宋代這樣的官制，使得當時很多官員因循苟且，不求有功，但求無過，成為宋代政治的一個缺陷，所以才會有後來所謂的變法。

親也去世了，雙親接連去世，司馬光在故鄉一待便是五年，他的仕途自然也就停頓下來了。」

「未能在青壯之期發揮己才，對司馬光來說豈不是很可惜嗎?」解虛問道。

「仕途上沒有進展，表面上看來似乎是可惜的，但這五年的時間，司馬光在故鄉潛心讀書，體察民情，對他日後的政治生涯與修撰《資治通鑑》都打下了良好的基礎，未必不是好事。」冰綃水袖一揚，萬象流光中出現司馬光在故鄉守孝時期的種種畫面。

其華想了一下師父與師兄說的話，歪著頭道:「如果不是有一個終點或目標在前，大概就能更仔細的思考得失之間的問題了吧？仕途上五年無成，成就他學術與人格的成長，算起來似乎又更有所得。」

其華難得發出如此精闢的見

解，冰綃與解虛都不由得詫異的對她多看一眼。知道自己說對了話，其華便得意洋洋的說：「不是嗎？就像我常東跑西跑，雖然對修煉有些荒曠，但好歹也學了不少東西。」

這話倒提醒了冰綃，她纖指一彈，萬象流光驀地消失，嚴肅的說：「眼下是你們練功的時間，其餘舊事改日再談，去吧。」

其華愣在原地，待師父走後才回過神來，問解虛道：「我又說錯話了嗎？剛剛師父眼中明明有讚賞之意啊！」

解虛嘆了口氣，瞄了她一眼，道：「話是沒說錯，但時機錯了！」說完他便轉身離去，認命練功去了，留下不識時務的其華，在原地思索著時機的問題。

3 性非樊籠物*

　　冰綃站在窗邊，眼中看的是千年來不曾改易的遠山日照，腦海裡翻騰的卻是司馬光一生的種種。其實，她若不是為避天劫，與司馬家應當是不會有關聯的，她也從沒想過這份關聯，竟會牽繫到她的徒兒身上。這幾日來她一再施展神通，盼能算出二徒與司馬家可能的關係，但推算的結果卻是一片晦暗不明，只知二徒的劫數未遠，然而細部的情況卻怎麼也無法得知，唯一可以確定的是，肯定與司馬光的一生脫不

放大鏡 ＊這句詩是從〈出都日途中成〉中摘錄出來的，是司馬光守喪復出之後，隔了六年終於得以再度回鄉掃墓時所寫的。「樊籠」就是牢籠的意思，「性非樊籠物」就是說他自己本性不是能被牢籠所拘束的。詩裡的意思，原本是說他終於能夠休假返鄉，所以非常愉快，說自己本是出自山野的人，生性不能忍受拘束。但這邊作者借用這句話，意思是指司馬光絕非池中之物喔！

了關係。

　　她屈指計數，知道司馬光在
服喪五年之後，先後在武城、韋
城做了兩年地方官，之後便被調
任為京官。進京不到三年，便升
任為館閣校勘。館閣校勘雖然是
館閣諸職中級別最低的一級，但
卻一樣是天子的侍從顧問，宋代
文臣一經此職便為名流，對司馬
光的仕途來說意義十分重大。司
馬光之所以能這麼快進入館閣任
職，除了他自己的能力受到肯定
之外，有一部分原因是因為其父
好友龐籍的推薦，而龐籍晚年的
官宦生涯，正好直接影響著司馬
光的仕途。

　　冰綃正在對司馬光的生平抽
絲剝繭，以期找出與二徒可能的
關連，卻聽到其華與解虛一路從
門外吵吵嚷嚷的鬧進屋來，冰綃
看向兩人，就見解虛滿臉不平的
叫道：「師父，請您快些跟徒兒說

說司馬光後來的狀況吧！這樣懸著，徒兒無法靜心修煉啊！」

一向平靜篤實的解虛說出此話，令冰綃的眉頭緊緊的皺了起來，沉聲責備：「這成何體統！你們居然因為一些小事不能靜心修煉，如此低微的定力還妄想得道成仙嗎？」

「師父，不是這樣的。」解虛瞄了一眼站在一邊不敢說話的其華，委屈的說：「師妹近日沉迷於修煉通天玄算，其餘功課盡皆按下，這也罷了，可她以司馬光為對象，每算一課，便要我與她亦算一課相互對照，偏偏我們推算的結果總不相同，我想這當是我二人功力未足所致，師妹卻一口咬定此中必有玄機，我倆相持不下，只好來請師父直接賜知了。」

冰綃聞言，不由得詫異的揚起眉，要兩人將近日修煉成果仔細說明，卻越聽越是驚訝。照理

說，功力不足而修煉通天玄算，只會推不出結果，從來不曾發生推出結果，卻完全不同的情況來。她心知有異，見二徒一臉委屈，便溫言道：「此事的確奇詭，但你們也不應因為這樣的小事便心浮氣躁，這般沉不住氣，將來如何能成大器呢？」

「徒兒知錯了。」解虛與其華低著頭說。兩人靜默了一會兒，其華忍不住又問：「師父，為何會如此呢？」

「為師此刻也無法給妳明確的答案，總之此事與你二人大有關係，你二人近日務必小心在意。」她略一沉吟，又道：「既然司馬光的生平與你二人有關，為師還是盡快說給你們知曉為是。」

其華聞言，不禁喜上眉梢，趕緊拉著解虛坐下，冰綃見其華喜容滿面，微笑著搖搖頭，便將方才推算所知的事說與他二人。

「在京為官數載，對司馬光的聲譽還有政治歷練都有很大的幫助，當時在朝中主持慶曆新政的范仲淹，晚年同時推薦司馬光、王安石及呂公著三人，這三個人後來在神、哲兩朝先後為相，對北宋後期的政治有很大的影響，當然，對司馬光評價的榮辱不一，也和北宋後期的政治風波詭譎有關，此是後話，這裡便先不提了。」冰綃喝了口茶，接著說道：「話說這龐籍雖是司馬池的好友，但從司馬光小時候就對他一直十分賞識，司馬光也相當感念他的知遇之恩。司馬光守喪之後的官運如此亨通，龐籍對他的幫助是一定有的。司馬光入館閣五年之後，原本官拜丞相的龐籍，由於朝廷中政治鬥爭的關係，被人誣陷他賣官鬻爵、殺人滅口，仁宗皇帝雖然知道此事未必為真，但因兩人在政見上頗有

出入，於是便趁機將他貶出京城，讓他以戶部侍郎的身分出任到鄆州當知州兼京東西路安撫使＊。當龐籍被貶出京時，他挑選司馬光作為他的助手，司馬光一直視龐籍為恩師，自然沒有不答應之理，於是便同他到鄆州。司馬光三十五歲到四十歲這段時間，一直都在龐籍的手下工作。」

　　其華疑惑的問道:「師父，我常聽見凡人有句俗話叫什麼牆倒眾人推，那這個龐籍既然被貶，司馬光幹嘛還跟著出去，這不是替自己找麻煩嗎?」

　　「這便是司馬光難得的地方

＊宋代的地方官制，分為路、州、縣三級制，對照現代的情況，類似是省下面有縣、市、鄉、鎮之類的層級。在中央集權之下，各級長官都由朝臣兼任，是差遣而非正官，因此這裡才說龐籍是以戶部侍郎出任鄆州知州。他同時身兼京東西路安撫使，可見這是相當於現在省長或縣長之類的工作，但宋代安撫使往往兼一路兵民之政，所以工作相當繁重，因此才需要助手，一般來說，民政通常委託通判代行，司馬光後來便是擔任鄆州通判之職。

啦！世上之人錦上添花的多，雪中送炭者少，龐籍以宰相之尊被貶出京，司馬光還願意追隨左右，更可看出他人格的高潔，當然也有士為知己者死的感情在其中吧！」冰綃微笑的說。

「士為知己者死啊！」解虛幽幽的讚嘆，眼中帶點悠然神往的神情。

「不過，當時龐籍雖然被貶，但畢竟不是真的獲罪，只是被皇帝疏遠罷了，因此對司馬光的前途也不會有什麼影響的。而且鄆州在當時可是僅次於開封、大名的大都會，不僅物產豐饒，還是個文教之地，司馬光到那裡做事其實也算是順遂的。只是當時龐籍已經年近七旬，許多事是力不從心，因此大都壓到司馬光這個副手身上來，讓司馬光忙得天昏地暗。就在龐籍被貶出京的同年，西夏幼主趙諒祚向遼興宗

耶律宗真進了降表，表示遼國和西夏進一步勾結，對北宋國防是十分不利的。」

冰綃才說完，見兩個徒兒一臉不解，便知兩人對宋朝當時的國際情勢一無所知，只得補充道：「北宋邊境有兩個非常大的威脅，一個是北方的遼國，另一個則是西北邊境的西夏。遼國是由太祖耶律阿保機所建立，他統一契丹七部，任用漢人韓延徽等，制定法律，改革習俗，使遼國國勢日益強盛，到了遼太宗耶律德光在位時，他因援助石敬塘建立後晉＊，後晉於是向契丹稱臣，石敬塘自稱為兒皇帝，還割讓燕雲十六州給遼國。這一割讓可不得了了，燕雲十六州是中國漢人與北方胡人之間非常重要的邊防要地，其中東北方有盧龍塞，西北方有居庸關，中國一向依賴這些要塞來抗拒北方異族的入侵，

但燕雲十六州割讓之後，這些山險都為胡人所據，而河北的地勢盡為平地，根本無險可守，所以契丹輕易便可以長驅直入，對北宋邊防造成很大的影響。」

「我真不懂，胡人跟漢人有什麼不同，不都是人嗎？」其華不解的說。

冰綃微笑道：「這便是凡人的盲點所在了，漢人一向自居為文化、禮義之邦，把四方異族都貶為蠻族，其實胡人自有胡人的民俗文化，實無高下之別。」

「那麼北宋面對遼國，豈不

放大鏡

＊這裡的「後晉」，指的是五代十國裡的「晉」，跟前面的魏晉南北朝不一樣，中間隔了隋、唐兩代喔！所謂的五代十國，指的是 907 至 979 年，自唐朝滅亡後至宋朝建國這段時間內，在南北各地分立興亡的諸國。唐朝末年朱全忠篡唐自立，改國號為梁，建都於開封，一般稱為後梁。後梁以後，繼起的朝代，分別是唐、晉、漢、周，與梁合稱為「五代」。除五代外，當時中國南方境內還有許多其他的割據勢力，即吳、楚、閩、吳越、前蜀、後蜀、南漢、南唐、荊南、北漢等十個王朝，統稱為「十國」。北宋開國皇帝趙匡胤就是篡了後周自立，再滅掉南方諸國，從而統一了中國。

是只有挨打的分嗎？那遼國怎麼沒趁勢滅了北宋？」解虛不解的問道。要是遼滅了宋，那可比蒙古人更早統一中國了呢！

冰綃點頭說道：「差不多是只有挨打的分哪！要知道宋代之所以能夠一統中原，並不是因為他們的軍隊比較驍勇善戰，而是其他國家太弱，比如南唐後主李煜，是個非常有名的詞人，治國卻非其能，宋國軍隊自然能所向披靡。但契丹軍隊久習戰術，騎射精熟，豈是宋軍所能敵。北宋初年幾次討伐遼國，都被殺得大敗虧輸，岐溝關之役威震遼兵的楊業兵敗被俘而死，楊家將死傷慘重，北宋再也無力輕啟戰端。但北宋雖無力北伐，遼國南攻卻也三度受阻，誰也滅不了誰。於是在宋真宗景德元年，與遼締結澶淵之盟，與遼約為兄弟之國，宋每年給遼國歲幣：絹二十萬

匹，銀十一萬兩，宋仁宗時由於西夏之事，又被迫每歲增納銀十萬兩、絹十萬匹。」

解虛不了解人間貨幣的算法，道：「聽起來好像滿多的喔！」

「何止滿多！是很多好不好！你有沒有一點常識啊！」其華大驚小怪的說。「這樣長年累月下來，國家會越來越窮的。」

「的確，納幣求和一直是北宋很大的財政負擔，因為歲幣不只給遼國，後來西夏也是比照辦理，數量雖然沒有給遼國的那麼龐大，但也為數不少。這西夏原本是羌族的一支，唐太宗時曾賜姓李，宋太祖初定天下時，西夏還是小邦國，曾向宋進貢。可是到了宋太宗在位時，西夏已經屢次侵擾宋國邊境。真宗與遼訂立澶淵之盟後，也與西夏訂立和約，承認西夏對西部的統治權，並每年給西夏銀萬兩、絹萬匹、

錢二萬貫、茶二萬斤。到了仁宗時，元昊即位，西夏國力漸強，便僭號自立為帝，和約關係破裂，邊事再起，此時宋派范仲淹負責西夏邊事，一度遏止了西夏的侵略，於是在仁宗慶曆四年重訂和約，元昊取消帝號，仍稱夏國主，宋每年給西夏銀七萬二千兩、絹十五萬匹、茶三萬斤。」

「這無底洞還真是越破越大！」其華咋舌的說。

解虛細算當時情勢，分析道：「宋國既然無力與他國爭戰，那也只能先取得和平，休養生息，建立武備之後再做打算了，就像漢朝不也是如此嗎？先是與匈奴和議，到了武帝時有了足夠能力才伺機反攻。不過，我猜宋朝應該是定了和約就算了，也沒確實修整軍備。」

解虛與其華此時修煉的通天玄算，除了自身的功力神通之

外，還必須就推算所得的訊息進行分析，以判清情勢，因此冰綃對解虛讚許的點點頭，道：「的確，北宋與遼和議既成，結果就如當時宰相富弼所預言的那樣『武備皆廢』，導致後來讓遼國與西夏一再訛詐，這都是北宋向來輕敵忘戰，不事先做好預備所致。」

「這樣說來，西夏此時向遼進降表，下一步不就會對宋不利嗎？」其華知道自己向來少根筋，分析不出個所以然來，也就不費神，直接問比較快。

「是的。在宋、遼、夏三國之中，宋、遼在政治地位上是平等的，而西夏則分別臣屬於宋、遼兩國。但在戰略情勢上，卻是遼、夏往往互相勾連，結成犄角之勢，困乏宋國。西夏降遼，不用顧慮北方大敵，便可以放心的來掠奪宋夏邊境之地了。這樣的

局勢，令司馬光不免為國防憂心忡忡。正當司馬光憂心國防之際，朝廷因為龐籍熟知夷狄之情，於是調任龐籍到并州，擔任河東路經略安撫使，並知并州事務，身為副手的司馬光，自然也跟隨到并州上任了。」冰綃纖指連彈，素手微揚，萬象流光再起，漩渦中出現并州漫天冰雪，一望無際的雪原景象，司馬光攜家帶眷，騎著馬緩緩走在冰雪處處的枯黃原野上。

　　冰綃指著萬象流光，道：「這萬象流光咒不只可以開啟時空，讓我等細觀塵世流轉，亦可縱身其中，近距離觀看。待你們修煉有成，功力允許，為師便會授與你們此咒。」

　　其華與解虛聽了之後不禁喜形於色，其華更是躍躍欲試，迫不及待的說：「師父，此咒徒兒雖尚無力修煉，但不知現下能否進

入其中，預先體驗一下草原風光、冰雪氣息呢？」

冰綃見解虛雖未說話，卻也是摩拳擦掌，靜極思動，便笑道：「這倒是不難，只消移形換位即可。」就見她口唇微動，水袖揮揚，一陣星芒落下，三人化為三道虹光，瞬間注入流光中心，流光微微漾動如漣漪，旋即復歸平整，光幕中已多了師徒三人的身影。

宋仁宗嘉祐元年秋末（1056年）　司馬光三十八歲　并州

并州地勢偏北，才是秋末時分，便已是銀霜處處，霰雪飄飛的景象。司馬光騎在馬背上，攏了攏皮裘的襟口，鼻中嗅聞到的是霜氣中夾雜著枯草的氣味，來到這苦寒之地已將近一年，他還是不能習慣北方既早且肅的嚴寒天候，記得初來之時，還因為不

習慣此地的天候，心情著實低落了好一陣子。但是低落歸低落，事情還是得做啊！并州不比別處，除了此地的文教、行政工作不能怠慢之外，作為西北前線，他還必須參與軍事工作，這等關係邊防的大事，讓他不能不盡快打起精神來，而他所受的庭訓，也不允許他沉浸在低落的心情裡，任由外在環境打敗他。更何況恩師年事已高，難道他能不替恩師分憂解勞嗎？雖然他在詩中也曾道出「古人有為知己死，只恐凍骨埋邊庭」的擔憂，但為了報答恩師的知遇之恩，他是心甘情願的。

此刻，他馳馬巡視西北邊防，不禁想起今年初春恩師龐籍大規模閱兵的氣勢，心裡不由得升起一股壯志豪情，希望能效法漢朝班超投筆從戎，威震西域的榜樣，一時間福至心靈，他揚起

馬鞭，臨空虛揮幾下，口裡吟道：「未得西羌滅，終為大漢羞；慚非班定遠，棄筆取封侯。」吟到此處，司馬光眼見一群大雁南飛，不禁想到滿營數萬將士離鄉背井，不知何時得返家鄉，便又接著吟道：「何時獻戎捷，鞍馬一朝閑。年年沙漠雁，隨意得南歸。」＊

　　司馬光到并州這些日子以來，雖然起初有些不適應，但在幾次來往西北邊線的過程中，那些初到的不適、對氣候的牢騷，早就消融在他為國盡忠的一片雄心壯志之中了。

　　放大鏡　　＊這邊引用了幾首司馬光在并州寫的詩，想讓大家知道司馬光在并州惡劣的氣候環境下，還是充滿為國為民的心情。所以前面用了他〈苦寒行〉裡的一句詩，就是上面「古人」那句，說他到并州是為報知遇之恩，可他也擔心自己可能死在這個苦寒之地。後面幾句則來自他的〈塞上四首〉，意思是說他不知道何時能像班超一樣，安定西北，讓西線無戰事，滿營將士便能像大雁一樣，可以隨意的南歸了。司馬光的胸懷是不是很感人呢？

　　歲月悠悠，轉眼已是嘉祐二年，北國春遲，連柳條都尚未萌芽轉綠，這時節在南方，早就是花團錦簇、鶯飛草長了。此時，龐籍接到消息，說西夏百姓又在武裝軍隊的保護下，到屈野河耕種，這次他們居然直抵麟州城下，甚至繞過麟州城，深入大宋內地。麟州守將武戩等人雖接獲龐籍命令，不能妄自出擊，卻也同時向龐籍建議建築堡寨，作為守望之用，以遏止西夏入侵。

　　這次司馬光巡視邊防，便是受了恩師龐籍的任命，主要任務是為了去麟州查看築堡構想是否可行。司馬光徐轡緩行，腦中思量著麟州的戰略地位，麟州與西夏接壤，中間有一大段土地一直未劃定疆界，境內的屈野河兩岸田土肥沃，西夏人長年來覬覦不已，近日更是公然聲稱宋、夏以屈野河中央為界，簡直是欺人太

甚。宋軍雖然屢次對西夏百姓進行驅趕，但每當宋軍撤去，西夏人便又屯田耕種，如此年復一年，雙方一再交涉，西夏人都置之不理。恩師上任之後，便奏請朝廷對西夏進行經濟制裁，同時因為屈野河以西五、六十里內，並無宋之堡寨與瞭望所，因此西夏人才敢屢屢犯界。去年守將武戡已在河西建了堡壘一座，如能再建兩座堡壘，一方面可遏制西夏勢力，另一方面也可使麟州前線軍需獲得充足供應，無須仰賴內地輸送，既耗時又所費不貲。

到了麟州之後，已是暮春時節，司馬光忙著聽取當地官吏的意見，又風塵僕僕的實地走訪觀察，在心裡盤算之後，認為此法甚佳。當時已過春耕之期，西夏屯墾之人在軍隊的勢力下，恣意來去。然而，當秋收已過，西夏人收割之後便會退去，自州城以

西數十里內，便無西夏一人一騎，如果趁此時機，迅速於州西二十里處增置二堡，每堡營築不過十日之工，待得西夏知曉，再點兵前來，新堡早已就緒，便可不必擔心西夏為患了。

司馬光暗自估算時間，認為此法確然可行，由麟州回到并州之後，便向龐籍匯報此事。當龐籍決定此事之後，立即上報朝廷，但其時已經接近秋收，軍情瞬息萬變，因此未等朝廷批覆，便下令麟州修築二堡，同時再三告誡他們在行動時務必摸清敵人動態，謹慎行事。

誰知以往秋收之後便退去的西夏軍隊，今年居然去而復返，集結了大批兵馬駐防在屈野河畔。北宋將領郭恩偏偏又是個自大輕敵之人，在夜裡率領兵馬渡河之際，居然還帶著酒肉，絲毫未作戰備，連後援部隊也沒有安

排。宋軍前哨在沙泰浪一帶發現西夏軍隊蹤跡，郭恩與武戡便想停止前進，誰知奉旨監軍的宦官黃道元好大喜功，居然不肯撤退，一口咬定那絕非西夏軍隊，還威脅郭恩，迫他前進。郭恩無奈，只得繼續前行，當宋軍前進至忽里堆時，天色漸明，只見一行人已被西夏軍隊團團圍住，郭、黃二人被俘，僅武戡一人脫逃。

朝廷得知此事十分震怒，派侍御史張伯玉前來追查，張伯玉到并州之後，也不先了解狀況，二話不說便奪了龐籍的兵權，並要他交出所有文書待查。龐籍久歷仕官，擔心司馬光的前程因此受阻，便將與司馬光有關的文件盡皆藏起。此事卻被張伯玉得知，便以擅築堡寨與藏匿案件文書的罪名，將龐籍貶到青州，武戡被發配江州，司馬光因為龐籍

的保護，沒有受到任何處分。

然而，未受處分卻比受到處分更令司馬光沉痛，他寧願與恩師同罪被貶，也不願只有他一人全身而退。司馬光在嘉祐二年六月被調回京城，京中眾臣所聞都是根據張伯玉的報告，對此事議論紛紛，聽在司馬光耳中，真是心如沸煎。明明是邊將妄自尊大、監軍官官貽誤軍機，結果獲罪的、被議論的卻是吩咐守將謹慎行事的龐籍。最可笑的是，一個邊疆統帥居然連在轄區之內建立堡壘的實權都沒有，叫邊將如何守禦疆土呢？經歷此事，司馬光對於朝政，有了更深一層的體悟，對於宦海浮沉、世態炎涼也有了深刻的了解。

「師父，我難道不能暗中整治一下那個驕慢輕敵的守將嗎？還有那個自以為是的宦官，跟那個搞不清楚狀況的侍御史，我會

很小心，不會被發現的。」隱身在旁靜觀許久的師徒終於發出聲音，就見三人緩緩現身，其華忙著偷偷念咒，解虛忙著阻止，冰綃面色漠然，口裡念咒，三人便又出現在原先的廂房之中。

「其華，為師告誡過妳多少次，這些事已經發生，是斷然不可以干涉的！」冰綃嚴屬的說。

「可是……師父，只是偷偷給他們一點教訓，不會影響到人間歷史的。」其華囁嚅的說。

冰綃的臉色依舊嚴肅，道：「不論再怎麼小的舉動都會有影響，妳無法知道在妳做了什麼之後，他們會有什麼反應，而他們的反應又會造成什麼後果，所以妳什麼也不許做！」

解虛見師父動了怒，其華又是一臉委屈，整個氣氛沉重至極，他站在一邊，大氣也不敢吭一聲。冰綃見兩個徒兒一臉惶

恐，她嘆了口氣，道：「你們坐吧！」

　　待兩人坐定之後，冰綃才道：「你們要知道龐籍與司馬光的決策是沒有錯的，數年之後，西夏堅持要併吞這塊土地，宋夏兩國重開和談以劃定疆界，宋以開放交易為條件，全數收回了西夏所侵之地，同時在屈野河一帶，修起九座可以瞭望敵情的堡寨。但是這件事情的發生，讓司馬光有許多新的體悟，和他後來所提出的政見是很有關係的。」

4 求為忠義臣 *

「發生麟州事件之後，司馬光雖然回到京城，但做的是個七品小官，想澄清事件的始末，卻又得不到朝中君臣的諒解，讓他的心情真是苦悶至極。這時他已經四十歲了，卻還是個七品官，不免有點灰心喪志，擔心自己滿腔報國的壯志無法施展。」

冰綃指如青蔥，輕輕撩動萬象流光，光幕畫面迅速的變化著。「其實司馬光回京以後，朝廷對他是不錯的，一再升他的官，可是由於麟州事件，讓他有點灰心，也大概是因為這些工作

放大鏡

*這句詩是出自司馬光〈觀試騎射〉一詩，是他跟著仁宗去觀看武舉考試之後所寫，詩中期勉武舉中舉的士子，可以為國盡忠，報效國家，而這句便是以士子的身分，說希望自己會是忠義之臣，不負天子的恩德。

都無法讓他施展抱負，所以他一再推辭，只想離開京城，去做一個地方官，這樣至少對百姓還會有些助益，比留在京城，做一個看似位居清要，卻對朝政毫無助益的閒官好得多了。日子就這樣過了幾年，在這段時間裡，發生了兩件事，讓仁宗皇帝不得不注意到司馬光這個人。」

　　冰綃說到這裡，故意頓了一下，慢條斯理的煮水沖茶。其華與解虛原本心緒有些低落，聽到這邊似乎又有些轉機，偏偏師父像是在吊人胃口，東摸西弄的耗時間，就是不肯乾乾脆脆的往下說，最後還是其華沉不住氣的問道：「師父，發生了什麼事啊？您快接著說啊！」

　　冰綃手執茶壺，故作訝異的說：「咦？我看你們倆一副萎靡不振的模樣，想是累了，不如還是先去歇會兒吧！」

　　解虛也忍不住了，急切的說：「師父，我們不累，您趕緊說吧！」

　　拿起聞香杯湊近鼻端，冰綃仔細的品味著新茶的清香，她深深的吸一口氣，秀眉微揚，笑睇二人道：「你們不累？」

　　其華與解虛連忙坐直身子，急切的望著師父，忙不迭的點頭。

　　冰綃戲謔的笑道：「可是為師累了！」兩人聞言一愣，看師父嘴角微勾，似笑非笑，一副惡作劇的神態，就知道師父是故意在賣關子。其華與解虛面面相覷，一時不知該如何應對。

　　看兩人已提振起精神，冰綃笑道：「為師累了，你們若是不累，便自己看吧！」水袖一揚，一陣香風飄過，萬象流光又變。

宋仁宗嘉祐三年（1058年）　司馬光四十歲　汴京

　　這一天，朝廷上下充斥著一股歡快熱鬧的氣氛，因為交趾國派遣使臣前來進貢，朝中大臣們無不對著聖上說些「大宋國威遠播，四夷賓服」之類的奉承話，仁宗皇帝端坐在金殿上，宣旨要交趾使臣上殿面聖。只見交趾使臣一行數人，帶著兩頭形狀像是水牛，渾身長滿肉甲，鼻端長角的怪獸上殿來。為首的使臣向仁宗跪拜行禮，稟奏道：「啟奏萬歲，我國人民在國境內發現瑞獸麒麟，我主不敢自專，特命臣等向上國獻瑞，願吾皇萬歲萬歲萬萬歲。」

　　仁宗看了看交趾進貢的兩頭異獸，覺得怎麼看也不像麒麟，但又怕說錯了話，貽笑外邦，有辱大宋上國威儀，便道：「來使一路辛苦，且退下休息，改日賜

宴。所進瑞獸暫且飼養於御苑之中，來日再做定奪。」

使者退去之後，朝中大臣議論紛紛。仁宗見大臣們的意見莫衷一是，沒人能確定這兩頭異獸到底是不是麒麟，只得讓大臣們各自回去訪查，來日再做打算。這一鬧，鬧了兩個月，還是沒人能說出這兩頭異獸到底是什麼來路，仁宗只得下令要朝野諸臣進宮來辨認。

這件事在朝中掀起軒然大波，司馬光非常不以為然，認為要朝野諸臣進宮辨認更是勞師動眾。於是他便向仁宗上了一道奏章，說明如果國家真的有福氣，祥瑞會不召自來，而交趾送來的所謂麒麟，卻是用籠子鎖著送來，不論真假，其實都沒有意義，不如只稱異獸，對使臣嘉勉一番，退還交趾為是。仁宗看了奏章，與群臣商議之後，覺得有

理，便照著司馬光的建議辦了。

宋仁宗嘉祐六年（1061 年）　司馬光四十三歲　汴京

　　五月下旬，司天監＊監正在金殿上奏道：「臣啟萬歲，根據推算，六月初一之時，將有日蝕發生，此次日蝕將達六分半。」

　　司天監此言一出，眾臣紛紛交頭接耳，天將有異象，這是多麼值得注意的事啊！司馬光身在禮部，負責的便是這一類典禮儀式之事，他知道按照往例，日蝕現象發生之後，若是日蝕狀況不若司天監所奏嚴重，或是日蝕時

　　　＊唐代稱司天臺，宋代稱司天監，明清為欽天監，掌天文、曆數、占候之事，相當於今日的天文臺。宋代雖然積弱不振，但文化卻達到前所未有的高度，當時中國的天文、數學、醫學、物理學、建築技術和冶煉技術等各方面知識，在當時都居世界領先的地位。以天文學而言，當時蘇頌在 1090 年製作的水運儀象臺，其下的機械鐘可以說是歐洲中世紀天文鐘的先驅，是世界第一臺天文鐘，所以當時的天文官已經可以精準的計算出日蝕的時間了喔！

有陰雲遮蔽，百官都會上表祝賀，朝廷便會備宴慶賀。司馬光認為這樣的慶賀根本沒有必要，為了避免類似的事情再發生，他便上奏皇帝，表示日蝕發生，為政者更應該深切自省。而日蝕之時如有陰雲遮蔽，京城雖然看不到日蝕，但天下四方、其他地方未必看不到，因此發生這樣的現象不只不應該慶賀，反而聖上還應自我反省，是否有被小人遮蔽，否則上天怎麼會如此示警呢？

六月初一，日蝕果然發生了，到了日蝕四分之時，天空陰雲密布，轉眼間雷電交加，大雨滂沱而下。仁宗見狀，想到司馬光上奏之言，便下詔不須慶賀，並且宣布以後遇到同樣情況，都不須慶賀。仁宗回寢宮時，腦海中不斷思考著司馬光奏章中所說的話……。

「真是不懂耶！這些東西都那麼尋常、普通，他們幹嘛那麼少見多怪啊？凡人的興趣難道就是小題大作、議論不休嗎？」其華實在不能理解人類的思考邏輯，每當她覺得自己對人類有所理解時，凡人就一定能做出讓她不解的事來，真是太有本事了。

解虛這次倒是沒那麼訝異，淡定的說：「宇宙運行有正有奇，凡人不解其中奧祕，會對少見的現象戒懼不已，那也不難理解。」

冰綃歇息夠了，便接續解虛的話說道：「是啊！更何況漢人一向講究的是天人感應＊，對於天地現象的變化，自然會生出一些附會的事了。司馬光生在那個時代，他雖然不是不信這一套，但更講究人君德行的修養，所以他不像其他朝臣執著於外在的祥瑞禍徵，只要求仁宗躬身自省，於是留給仁宗很深的印象，不到一

個月就升他到諫院任官。以往，皇帝升他的官，或是將他改任他職，司馬光都會一再上表謙辭，但這次他卻十分樂意的接受了。」

「難不成是因為這個官比較大嗎？」其華不解的問。

冰絹搖搖頭，道：「這個官說大不大，說小不小，卻是司馬光覺得能真正為國家做事的官，所以他才樂意接受。」

「諫院？那就是擔任諫官了嘛！」解虛皺著眉道：「可是，當諫官不好吧？人家常說『伴君如伴虎』，當諫官又是專門負責跟皇

放大鏡 ＊什麼是「天人感應」呢？簡單的說，中國古代哲學認為人的活動會與自然界相應，其理論基礎是所謂的天人合一。古代人認為自然（天）和人事（人）是合一的，所以當人做了違反天道的事情，上天就會降下災禍作為處罰。真正將天人感應建立成系統學說的，是漢儒董仲舒。中國皇帝稱為「天子」，君權至高，無人能夠約束，董仲舒透過天人感應之說，對皇帝的行為進行制約，以威脅、利誘的方式使皇帝不可為所欲為，對君權具有某種程度的制約力量，這套學說對中國後世影響至深。由於日蝕較少見，在古代被認為是上天的示警，所以朝廷會特別重視。

帝唱反調的，一個弄不好，恐怕連命都沒了，很危險的。」

「話雖如此，但諫官可以針對國家大事、人事任命發表意見，司馬光一心想為國家做事，擔任諫官正合他的意啊！而且依照宋代官制，諫官任期是三年，司馬光一當就是五年多，任官期間上了一百七十多道奏章，可見他是多麼盡忠職守，也可以看出皇帝對他是相當信任的。」冰綃笑著說。

聽到這個數字，解虛咋舌的說：「五年一百七十多道，平均一年上三十幾道奏章耶！這五年司馬光到底是做了哪些事啊？」

冰綃笑道：「那可多了，上至國家大事，下至皇室家務，司馬光每一樣都管到了。」

「連皇上的家務事他都要管哪？會不會管太寬啦？」其華皺眉搖頭。

　　冰綃搖搖頭，說：「皇室與一般民家可不相同，皇室家務基本上也屬於國家之事，諫官自然也要針對其中事項發言哪！要是皇帝的家務事鬧得亂紛紛，他哪裡還有心情治國？而且皇家作為天下百姓的表率，皇家事務更是不能有違禮法。」

　　停頓了一下，冰綃想到什麼似的彈了一下手指接著道：「比如立儲之事就關係到國家社稷，因為仁宗無子，東宮空懸多年，滿朝文武對這件事都十分關心，卻又不敢妄自提起。司馬光上任諫官這年，仁宗已經五十二歲，後宮嬪妃接連所生都是公主，仁宗五年前又曾經中風，因此宰相對於建儲之事十分關心，畢竟皇儲關係到未來政局的穩定，司馬光對這件事也相當重視，所以他七月才走馬上任，八月就立刻上奏，指責皇帝遲遲不立太子的不

是。」

其華搔搔頭，不解的說:「皇帝既然沒生兒子，是要他怎麼立太子啊？這些人很奇怪耶！」

「廢話！當然是從宗室中的優秀子弟去找囉！」解虛不客氣的指出其華的愚昧無知。

「那就不是皇帝的親生兒子啦！原來還可以這樣喔……，受教，受教。」其華了解的點點頭。

「正因為不是皇帝的親生兒子，所以後來也出了許多問題呢！仁宗死後，即位的英宗和太后不睦，兩宮之間時有爭議，還有英宗生父的諡號＊等問題，都

＊諡號是人死後，根據其生前的事蹟給予的稱號。這裡提到的問題，主要不是出在諡號上，而是出在英宗應如何稱呼其生父的問題。按照禮法而言，英宗既然過繼為仁宗之子，那就應該稱仁宗為父，稱其生父為伯，但當時在討論此事時，宰相韓琦等人翻檢舊典，認為可以稱生父為父，於是朝中分為兩派，為此事爭執不休，而這中間又牽扯到太后和皇帝之間的關係、大臣之間的勢力消長，所以糾葛許久。這種爭吵在現代看來似乎很沒意義，但在重視禮法的古代來說，這種事是相當重要的。

在朝廷掀起過一番風波，讓司馬光為了這些事勞累不已呢！」冰綃輕點萬象流光，她所說的這些事，便快速的在流光中轉過。

其華和解虛看流光中司馬光和其他大臣，為了這些皇室家務爭得面紅耳赤，兩個人都不敢置信的瞪大了眼。冰綃看兩個徒兒一臉驚訝，幽幽的說：「皇室家務牽扯到朝中政權的勢力消長，諸多大臣都是有心人，你們看他們為了這些事吵鬧，其中有幾個是真的像司馬光那樣一心為國呢？可笑的是，大部分凡人往往執著於眼前，結果卻因為勘不破權勢、名利，導致一生忙忙碌碌，轉頭皆空。」

「凡人的生命或許是真的太短了，才會為這些虛名浮利所迷！」身為竹妖，在未修煉成人形之前，他便已活了千年，相較之下，人類未滿百年的生命，對他

來說真是太短了。

　　其華不贊同的揚起雙眉，嗤之以鼻的說：「我倒認為這和壽算長短無關，就算給他們千年之壽，他們也許就這樣鬧了千年也未可知。」

　　「凡人雖多短視，但有遠見者也不是沒有，司馬光便是一個啊！他在諫院五年的時間，就他長期以來對國家的觀察，根據其所見所思，提出許多重要的改革方法，如果那時當朝天子能同樣具有遠見，或至少不要急功近利，北宋天下或許不會敗亡得如此迅速。這一兩千年來，為師雖看多了朝代興替，但每當改朝換代之際，看見凡人因為兵連禍結而流離失所，為戰爭所苦的種種慘狀，仍舊十分不忍。」冰綃嘆了口氣。

　　解虛見師父黛眉微蹙，勸慰道：「師父，您不是說這些天災人

禍都是凡人的共業所致嗎？既是因果循環之定數，您又何須為此太過掛心？」

「嘖嘖！師兄說起這些事情來還真是冷情，想是竹節中空，毫無心肝的緣故。」其華逮到機會就要跟解虛抬槓，兩人就又這麼拌起嘴來。

冰綃看著兩個徒兒截然不同的性格，真不知道他們如何能在她門下共同修業五百年而不反目，更甚者，居然還有著不錯的同門之誼。

解虛是竹妖，個性一向循規蹈矩、沉穩淡然，而相較於解虛的萬事不縈懷，開在春光爛漫時節的桃妖其華，對萬物卻多了一些留戀，性格也如春日般和暖清揚。

兩人個性雖不同，在修煉的道路上卻都同樣令人擔心。其華任情，遇事不能冷靜，解虛雖說

冷情，但其實是不知世情的成分居多，如果兩人能相輔相成，或許能平安度過劫難，就怕……。思及此，冰綃心神一震，不由得癡了。

其華沒發現師父的異樣，自顧自的問道：「師父，那司馬光是提出了哪些建議，居然讓您稱道他甚有遠見呢？」這點實在令其華萬分好奇，需知他們妖精多與天地同壽，就算再不曉事，見過的人也絕不會少，但能令妖精衷心欽服的人卻不多，而師父居然稱讚司馬光有遠見，還為他著實感嘆了一會兒，這叫她怎麼不好奇呢？

冰綃在其華的詢問下回過神來，她搖搖頭，不願再多想，啜了口清茶，重新說起司馬光之事：「這事真要說起來，必須從宋代開國講起，說不得唐末的紛亂也還得帶上一筆。」冰綃緩緩撩動

萬象流光，思索著應從何處說起，最後纖指一點，流光中出現宋代的開國君主趙匡胤。

「唐代自從安史之亂※後，地方藩鎮的軍權日重，各地強藩悍吏擁兵自重，互以武力爭雄，最後終於演變成五代十國的紛亂局面。後來，趙匡胤在部屬的擁戴之下，於陳橋黃袍加身，篡後周自立，改國號為宋，是為宋太祖。宋太祖即位之後，有鑑於唐末五代以來，武將跋扈的教訓，也怕下屬改日像擁戴他一樣，又擁戴他人來奪他的江山，於是便在他即位隔年，宴請開國將領石守信等人，在宴席中暗示眾將領應該及早退休，享受人生，以免日後遭遇橫禍。眾將官也都是聰明人，又長年一同征戰沙場，自然知道聖上的絃外之音，為了明哲保身，於是紛紛稱病辭官，交出兵權。」※

「收回兵權還只是宋太祖抑制武將的第一個步驟，接著他便推行強幹弱枝的具體策略，以便進一步集權中央。

「他一方面削減相權，改以同中書門下平章事為宰相，以參知政事為副相，共同合議決事。宰相亦僅主管文事，不能干涉軍事與財政。軍事另外由樞密使管理，與宰相並稱為『二府』。財政由戶部司、鹽鐵司及度支司掌管，由三司使總轄，號為『計

放大鏡 ──

＊安史之亂是唐朝由盛而衰的關鍵。安，指安祿山，史，指史思明，兩人均是胡人，安史之亂乃是指他們起兵反唐的一次叛亂。 安史之亂自唐玄宗天寶十四年至唐代宗寶應元年（755～762 年）結束，前後達七年之久。在這場叛亂中，安祿山曾攻入長安，自立為帝，而唐玄宗奔逃入蜀，到了馬嵬坡（今陝西興平），將士飢疲，六軍不聽命令，龍武大將軍請求玄宗殺死楊國忠父子和楊貴妃。結果，楊國忠被亂刀砍死，楊貴妃被迫上吊而亡。

＊宋太祖宴請將領，在宴席中取回兵權這件事，在中國歷史上十分有名喔！一般稱之為「杯酒釋兵權」。宋太祖這樣的作為，既不會背上殺害功臣的罪名，又可以成功取回兵權，算是十分聰明的作法喔！相較之下，明太祖朱元璋屠殺功臣的作法就狠毒多了。

相』。二者之事權與宰相不相上下。這樣一來，宰相上下左右均受牽制，只能管行政，權力遠遜於漢、唐。

「此外，諫官、御史他們直接向皇帝負責，可以不憑實證，任意彈劾執政而不受譴責，對相權有莫大的制衡作用。」

聽到這邊，解虛驚訝的說：「我一直以為宋代是重文輕武，對文臣相當禮遇，沒想到對文官之首的宰相，有這麼多的限制啊？」其華對這些事不是很了解，只能呆呆的點頭附和。

冰綃笑道：「宋代是重文輕武沒錯啊！但前提還是以不威脅到君權為優先，所以當然會削減相權。不過，宋太祖最忌諱的還是武將，所以他一方面優禮文臣，鼓吹武將讀書，另一方面卻以文臣領兵，顯示出他對武將的戒懼。

「另外，宋代還實行更戍法，每隔幾年就調動軍隊的駐兵地點，但將領卻不隨軍隊調動，於是軍、將不能相互熟悉，就不可能會有造反的可能。但是也由於軍隊與將領互不熟悉，使得戰爭時指揮不便，號令難明，大大削弱了宋代的軍隊實力。」

「好奇怪，這種後果……感覺上很輕易可以看出，為什麼當時卻還要用這樣的策略呢？」其華再次感覺她不懂凡人。

「這些策略，在宋代開國之初對於穩定政局是有幫助的，其實也不完全是錯的。問題在於這些政策沒有與時俱變，於是造成北宋政治上三個非常嚴重的問題，導致宋代積弱不振的歷史事實。」

「是哪三個問題呢？」解虛聽得認真，左手憑空一抓，已經拿出筆記在抄了。

其華見狀不由得大驚失色，叫道：「師兄！你為什麼要抄這些東西？難不成來年的修煉考試會考這個嗎？」

解虛抬起頭，不能理解其華突來的驚恐，愣然道：「我只是想對凡人的事多點了解而已啊！」

其華吁了一口長氣，整個人無力的癱在椅子上，冰綃搖頭笑道：「妳啊！平時漫不經心，老是這樣虛驚，當心耗損道行。」

解虛打趣道：「師父無須擔心，師妹一向虛驚慣了，不會有損的。」

其華拍拍胸口，斜眼瞄了解虛一眼，不理他，轉頭問冰綃道：「師父，別理師兄了，您快往下說吧！」

冰綃點點頭，笑道：「這三個問題便是所謂的『三冗』，也就是冗官、冗兵以及冗費。先說這冗官吧，宋代為了怕地方長官專

權，所以想方設法的相互牽制，造成官職設計上疊床架屋、人浮於事。偏偏宋朝又有文官三年、武官五年一磨勘的德政，這些冗官只要在職時沒出什麼錯，都能得到升遷。

「另外，朝廷又有恩蔭，並且廣開科舉，使得在朝為官的人數越來越多。就以科舉來說，宋初沿襲唐制，每年不過錄取進士二、三十名，到了太宗在位時，居然開科一次錄取五百人。諸般種種，使得官吏的人數，到了仁宗嘉祐年間，已經是宋朝初年的十倍之多。

「冗官之外，冗兵問題更是嚴重。據說宋太祖當年以二十二萬禁軍定天下，但後來在天下太平的情況下，兵額居然直線上升，到了仁宗、英宗時期，數量增長了六倍，而且這還只是禁軍和廂軍的數量，尚不包括為數驚

人的鄉兵和蕃兵＊。最最可怕的是，宋代一遇到邊關有戰事就募兵，而遇到饑荒，為了賑災便募災民為兵，於是兵員越來越多，卻都缺乏訓練，根本毫無戰力可言，朝廷稅收的十之七、八都花在養這些無用之兵上。」

其華與解虛聽得咋舌不已，頻道：「這太誇張了吧？」

「一點都不誇張，事實便是如此。你們想想也知道宋朝的冗費是怎麼來的，宋代一向優禮文臣，給予相當高的俸祿，逢年過節還有豐厚的賞賜。優禮文臣原也是重賢的表現，但偏偏這些花

＊宋代軍隊的編制分為禁軍、廂軍、鄉兵和蕃兵。禁軍主要是守京師、備征戍，是天子的親兵；廂軍則是各州的鎮軍，很少接受訓練，只負責一些差役；鄉兵則是各地組成的義勇，只在農閒時進行一些訓練；蕃兵則是塞下內屬的部落民眾，將之組織起來，作為藩籬之兵。在這些軍隊中，真正負責征戰的只有禁軍，而且守衛京師和駐紮邊境及各地的禁軍必須保持一定的比例，當邊防吃緊，邊境增兵時，京師禁軍也必須增加，兵額就越來越多了。

費卻養了更多的冗官。養官花費雖多，卻還遠不及軍費的龐大支出，而在這兩大支出之外，別忘了，宋代每年還有輸往遼、夏兩國的巨額歲幣，這些林林總總加起來的冗費，嚴重拖垮了宋代的財政。」

　　其華把方才聽到的資訊在腦海中稍做整理，驚疑不定的說：「好可怕喔！這種爛帳，誰理得起來啊？」解虛不擅長做這樣情緒激動的表達，只在一邊點頭附和，沒有出聲。

　　冰綃欲趁此機會教導徒弟理解、評價凡人的方法，便道:「的確是很難！北宋的積弱不振，可以說是當時士人共同面對的難題，因此我等在評論其人功過時，就必須看他們如何應對此事，而司馬光針對這些狀況，在他任諫官期間，上了許多奏摺請求改革，不僅一針見血的指出弊

病所在，還提出不少具體可行的方案。」

「這麼說來，這司馬光還真不愧是一代名臣哪！」解虛語氣沉穩，卻絲毫不掩其讚嘆之情。

「師父，您沒說司馬光提出了些什麼方案啊？」其華好奇得都快坐不住了。

冰綃略一沉吟，道：「比如說針對磨勘制度，司馬光非常不贊同按年資升遷的制度，提出『度材而授任，量能而施職』的標準，首先希望朝廷用人能根據人才的長才、能力，給予適當的官職，而給官之後就必須有實質的考核方法，有功便賞，有過則罰，無功無過也表示不適任，應該另任新職等等。針對國家軍備而言，他經過麟州事件之後，清楚知道宋軍所以積弱跟兵員多少毫無關係，重點在於沒有真正有治軍才能的將領，而遇事只知增

募兵額，根本不是治本之法，所以他建議朝廷徵選知曉敵情又善於治軍之人，另外，由於他目睹軍隊驕肆怠惰，所以他也十分強調對軍隊素質的掌控與管理。而針對重要的財政工作，司馬光更是上了一系列的奏章，請求進行改革，他建議朝廷統一財政的管理，任用專業人才長期從事財政工作，在開源的同時，也要注重節用，針對當時重要的財政問題，都提出批評與建議。另外，針對外交、刑罰、賦稅、取士等各方面，他也均有提及，關注的層面非常廣泛。」

說到有點口渴，冰綃停下來潤潤喉，喘了口氣，才道：「在司馬光的建議中可以看出，他深知朝廷積弊已久，想要革除這些弊端絕非一朝一夕可成，弄不好還會造成反彈，所以他是希望能逐步漸進、一步一步的改革缺失。

從這點上便可看出他眼光之遠大，他知道現狀不可能貿然改變，所以不短視近利，利用潛移默化的方式，在既有的政策之下，慢慢做修改，也許眼前看似無功，但假以時日，效果便會慢慢的顯現出來。」

　　「那後來呢？效果是否有顯現出來？」其華急切的問道。

　　冰綃嘆了口氣，搖頭道：「沒有。司馬光五年之中對國家朝政做了這麼多建議，卻大多未被採納，要嘛是皇帝與宰相不顧諫官的反對，一意孤行；要嘛就是對諫官的建議置之不理，讓他覺得自己身居諫院之職，卻不能有益於國家朝政，因此他有些灰心喪志，再加上他想專心於《資治通鑑》的寫作，於是便上表辭去諫官之職，告假回鄉掃墓去了。」

　　「《資治通鑑》？這個時候就已經開始寫了嗎？」解虛訝然，

他一直以為《資治通鑑》是司馬光晚年的作品呢！

「早就開始寫了呢！」提到《資治通鑑》，其華急忙接口，一股腦兒將她近日用功所得一一道出：「司馬光從仁宗嘉祐年間以來，就一直希望可以潛心歷史研究，寫一部足資治道的通史，《資治通鑑》的架構在他四十五歲的時候，就已經初具規模，而且已經開始獨立工作，到英宗治平三年（1066 年），已經把秦朝以前的部分草擬完成，以『通志』為書名上奏英宗，英宗對此相當激賞，便下令司馬光繼續往下編寫，還允許他自選兩名助手幫助撰寫，並將修書之館設在崇文院，同時准許他借閱龍圖閣、天章閣以及祕閣的所有皇家圖書，一切費用均由皇帝支出。

「神宗即位之後，還把他登基前所住宅邸的舊書兩千餘卷，

賜給司馬光作為編書之用，並賜名《資治通鑑》，還為之作序一篇，以便書成之時可以放入其中，並且要司馬光親自對他講授《資治通鑑》的內容。雖說北宋帝王鼓勵文治，但像司馬光得到這樣高規格待遇的，可是史無前例呢！」

看其華一臉得意洋洋，解虛詫異的問：「妳什麼時候跑去查的？」

「剛剛用通天玄算推算出來的啦！師父，我說的對不對？」

冰綃點點頭，讚許的笑道：「說得很對，連時間都半點不差。」

解虛不解的說：「如果師妹的通天玄算所推算的是正確的，那表示我所推算的有問題囉？可是師父您剛剛不是說……。」

冰綃伸出手制止解虛繼續鑽牛角尖，她淡淡的說：「這其中的

玄機我此刻也一參詳不透，你多想亦無益，你們只要記得近日遇事莫要輕舉妄動，或許便能化險為夷。」見到兩個徒兒了解的點頭，冰綃便接著講述司馬光的事蹟。夕陽餘暉斜斜的從窗邊灑入，一陣妖異的紅光閃過，但師徒三人都沒有注意到。

5 丹心終夜苦*

　　偷偷的，偷偷的，其華的身影鬼鬼祟祟的摸進冰綃素日練功所在的廂房，見到萬象流光依舊在廂房中流轉著，她驚喜的低呼出聲，小心翼翼的竄進廂房之中。師父剛剛也真是的，事情開了個頭也不講完，居然突然如臨大敵似的，說什麼感覺有異，咻的一聲就化作一道白光消失，讓她跟師兄留在原地，抱著那開了頭卻沒下文的故事徒呼負負。禁不住好奇心的驅使，她只好自己跑進來對著萬象流光看了，雖然麻煩了點，但至少可以稍稍滿足

放大鏡

＊這句詩出自於司馬光的〈秋夕不寐呈諫長樂道龍圖〉，是他在秋天晚上失眠時所寫，這句詩是說：「一片赤誠的忠心，為了國事整晚煩憂難眠。」這裡借用來做章回目，因為這章會寫到司馬光反對新法，憂慮新法擾民的事，你覺得適合嗎？

一下好奇心。她一邊慢慢的摸進房裡，一邊在腦海中回想師父剛剛說的事。

英宗皇帝在位四年便去世，初即位的神宗正當年少，滿腔壯志雄心，一心希望能有大作為，因此他對銳意求進的王安石十分欣賞，對他強調變法的政見更是印象深刻，甫一即位便起用他。而司馬光不只勇於進諫，他居官多年，早已博得朝中眾臣的稱許，甚至揚名外邦，遼國對於司馬光所任何官亦相當關注，因此神宗對他也相當器重，希望這兩個久負盛名的大臣能成其臂助，幫助他對朝政進行改革。

王安石和司馬光都是當時著名的官員，在相識之前便已相互慕名已久，仁宗至和元年（1054年），兩人同為群牧司判官，一見如故，一同交遊、飲宴，有不少相互酬答之作，司馬光甚至寫過

一首題為〈和王介甫烘蝨〉的詩，在嘲弄王安石的不修邊幅，可見兩人交情是不錯的。儘管當時的人對王安石有許多抨擊，蘇洵甚至寫了一篇〈辨奸論〉，直指王安石不近人情，必為奸佞，而當神宗在熙寧二年（1069 年）欲任命王安石為參知政事時，朝中大臣大多激烈反對，司馬光卻認為王安石的名譽、文章素來受稱於世，只是做事比較急切、激進罷了，不失為能人。因此當御史中丞呂誨與司馬光在上朝途中相遇，司馬光問他要上奏何事，呂誨直言說要向聖上彈劾王安石時，還令司馬光大惑不解，並且為他辯護。

　　對於王安石，司馬光一直是尊重且推崇的，儘管後來為了變法的問題，兩人政見相左，經常鬧得不歡而散，甚至到了冰炭不能同爐的地步，但當有人問及司

馬光對王安石的評價時，他仍是客觀的指出王安石的優點與缺點，不曾將王安石的優點一概抹殺。

　　師父還說兩人對於北宋朝政的改革方向，本來其實有滿多相契之處，歧異之處是出在具體實行的方法不同。司馬光認為朝廷的典章制度有優有劣，應該保留好的，淘汰不好的，而且改革需要循序漸進，在既有的體制下慢慢修改，有朝一日必能取得明顯效果，但王安石卻比較急進，他認為舊法弊病叢生，不如全面改易，以收立竿見影之效，因此兩人在論政的過程中，屢屢發生衝突，而由於神宗也是較為好大喜功之人，最後終於導致司馬光拂袖而去、憤然離京。

　　師父大概就只說到這邊，中間的過程全部都沒講，就突然不知道追查什麼東西去了。唉，眼

下只好靠自己了，誰叫她好奇心重呢！她慢慢移近萬象流光，正想像師父那樣念咒撩動流光時，突然一個聲響，嚇得她定在原地，剛伸出的手指就這樣凝在半空中，不敢動彈。

「我說，妳這會兒跑到這裡來做什麼？」解虛低沉的聲音從角落響起。

其華鬆了口氣，慢慢垂下手，臉上卻不由得揚起笑容。原來不是只有她們花妖好奇心重，師兄這個竹妖也忍不住嘛！她笑著斜睨了解虛一眼，解虛被看穿心思，又被瞄得不自在，只好尷尬的走到其華身邊，問道:「妳也是想來看後續發展的啊？」

其華點點頭，一邊伸手碰觸萬象流光，一邊問道:「你已經看過了嗎？」

「還沒！正要施咒觀看，妳就偷偷摸摸的進來了，差點沒被

妳嚇掉我百年修為。」解虛沒好氣的說。

「誰叫你要來不找我？別再吵了，快點施咒吧！」其華與解虛一同施咒，萬象流光，緩緩波動起來。

熙寧元年（1068年）　司馬光五十歲

宋神宗坐在御書房裡，思索著要設置一個新的機構，專門負責省減國家預算，以解決國家的財政困難，而機構的領導人，他屬意由司馬光來擔任。這時，正是司馬光來御書房為神宗講授《資治通鑑》的時間，神宗便將這個意思告訴他，也想聽聽司馬光的意見。司馬光聽了之後，略一沉吟，立刻稟奏道：「啟奏萬歲，我朝之所以財政困難，主要原因乃在於花費太奢、賞賜無節、官職冗濫、軍旅不精，要徹

底革除這些弊病，需要聖上的英明，與主管國家財政的三司縝密思考，革除積弊，只要一段時間之後，便有成效，無須疊床架屋的另設一個機構，更不是朝夕之間就能成功。請皇上明察。」神宗聽了之後，深覺有理，對司馬光嘉獎一番，便要他開始講授《資治通鑑》。

過了幾日，便是南郊祭祀之期，按照往例，每次祭祀之後，朝廷必須賞賜陪同祭祀的官員若干銀絹。但當年因為有二股河※決堤之事，河北災情嚴重，宰相便上奏神宗，表示賞賜應該減少，而宰相平時俸祿已頗為豐厚，請皇上無須再賞賜於他。神

※因為在仁宗嘉祐二年的時候，黃河沖決大名府，形成一條流經大名、恩州、博州、德州，自滄州入海的新河道，這樣一來，黃河從大名以下便形成兩股河道，舊的河道流過恩州、冀州，從乾寧軍入海，是後面所說的北流，新河道就是所謂的東流，兩條合稱為二股河。

宗收到這份奏章，便要群臣商討，提出一個意見。王安石便表示，這些賞賜其實不多，就算不賞，國家財政也不會因此寬裕。相反的，如果國家對待大臣過於儉吝，恐怕有損國體。

司馬光聽了這話相當不以為然，便道：「如果臣屬有功於天下，那麼再豐厚的賞賜也是適當，但今日之事，不過是隨君陪祀，本是為人臣子分內之事，因為這點小事便要封賞，實在是大大不妥。這種賞賜無節的狀況，就算宰輔不提辭免也應該刪減，更何況宰輔已親自提出。如果遇到財用之事，總是這樣因襲陋規，那麼國家用度永遠無法省儉，財政永遠無法寬裕的。」

小小一件陪祀封賞之事，後來演變成財政策略的辯論，幾天之後，這場爭論轉移到邇英閣中，王安石和司馬光便將之前的

意見重新申明，兩人越講越是激動，居然當著神宗的面吵了起來。

「國家財用明明不足，為什麼還要因為小事而賞賜大臣呢？何不將這些支出省下，積少成多，便得以改變財政困窘的情況了。」司馬光力持平穩的說。

王安石不甚在意的道：「財用不足，那是因為國家沒有找到一個善於理財的人，如果有這樣的人在朝中，那何愁國家財用不足呢？」

「善於理財的人？」司馬光聽到這裡已經有些火氣了，他咬牙道：「所謂的善於理財之人，不過是一些擅長積斂、剝削百姓，斂盡人民之財的人，結果百姓因此困窮、流離失所，乃至淪落為盜賊，這難道是國家之福嗎？」

王安石臉色微變，道：「大人所言並不是真正善於理財之人，

善於理財的人，不用向人民加賦，可是國家財用自然會豐饒起來。」

司馬光冷笑道：「這不就是桑弘羊＊欺騙漢武帝的話嗎？司馬遷還曾經記下這事譏諷武帝見事不明呢！天地所生的財富、貨品等什物，數量是一定的，不分布在民間，便在國家朝廷。桑弘羊能讓國家財用富饒豐足，如果不是從人民那裡聚斂而來，那是要去哪裡拿呢？如果真如他所說，

放大鏡

＊桑弘羊　西元前152～前80年，洛陽人，出身於商賈世家。漢武帝因為連年對外用兵，揮霍無度，導致府庫空虛。為了擺脫財政困境，他採用桑弘羊的建議，改革經濟政策，主要措施有增加賦稅，改革幣制，鹽、酒、鐵收為官營等。這些措施的重點，主要是重農抑商，對漢廷當時的政治、經濟狀況是有所助益的，但並非真的完全不取之於民，而且桑弘羊認為天下四方的自然資源與財貨，本來就屬於君王所有，所以司馬遷在《史記》裡面，敘述了桑弘羊的財政策略之後，作了一段評論，歷引舊時史事，最後歸結說：「古者營竭天下之資財以奉其上，猶自以為不足也。」指責桑弘羊的作法，跟戰國以來強調富國強兵的人一樣，都是搜刮天下之人的財富，來奉承君王，拚命搜刮還覺得不足夠。這樣一來，你知道司馬光為什麼這麼說了嗎？

那麼武帝末年又怎麼會盜賊四起呢？難道這些盜賊是做興趣的嗎？如果不是人民窮困疲乏到了極處，又怎麼會願意落草為寇呢？」

　　為了理財的方案，兩人吵得不可開交，但是王安石言之鑿鑿又胸有成竹，神宗本來就躁進，聽信了王安石的話，原本已不準備另外設立的新財政機構，便在王安石等人的影響下，在三司之上設置了一個三司條例司，直屬皇帝，作為財政規劃、審議的機構。國家的改革，逐漸走上司馬光所不樂見的方向，所謂的「熙豐新法」，便慢慢的在各地推行起來。

同樣是熙寧元年（1068 年）

　　這一年，二股河在恩、冀、瀛洲有多處決口，當地百姓因此

流離失所，神宗為此相當憂心。當時督水監丞宋昌言建議，在二股河口西岸的河灘上，增建土牆，使之深入於河身，阻擋河水北流，導之向東，讓御河、胡盧河回歸原本的河道，便能緩解水患。但有人卻反對這個方案，神宗委決不下，便派遣司馬光與宦官張茂則一同到河北視察。

　　司馬光實地勘查之後，認為宋昌言的方案可行，請求神宗照准執行，並且特別向神宗強調治水必須根據地形水勢，不能急於求成，若要執行此法，必須使八成河水東流之後，才能截斷北流，方能奏效，而要達成這個目標，非兩、三年的時間不可。於是整建二股河的工程便在神宗授意下開工了，其間神宗為了了解情況，還一再派遣司馬光前往視察。實地勘驗工程雖然辛苦，但司馬光為了國家、百姓的利益，

對這樣的奔波絲毫不以為苦。

一段時日之後，東流的水量越來越豐沛順暢，當時治水的負責人張鞏奏請神宗提早閉塞北流，便可以解決當地水患，災民便能早一天回到家鄉。神宗打算再遣司馬光前去勘查，可是司馬光卻認為此時東流河道尚淺，堤岸也不完固，如果閉塞北流，肯定會發生潰堤，如此便變成把西邊水患移到東邊罷了，不如再等一段時間，以免後患。但王安石對司馬光的說法卻不以為然，他對神宗表示司馬光議事常與他人不合，如果派他去視察，最後沒按著他的提議辦，他就會感到不安。神宗此時也是希望及早閉塞北流，於是便不派司馬光前去，只派張茂則前往，張茂則回朝之後，回報說東流水量已達八成，可以閉塞北流，神宗當下便批准執行。

　　「師兄，依我這樣看來，水流不是只有六成嗎？哪來的八成？」其華不解的指著河道問。

　　解虛搔搔頭，納悶的說：「我也覺得是六成啊！難道凡人的算法跟我們不一樣嗎？再看下去好了。」

　　兩人看著治水的工人們接獲命令，立刻就將北流閉塞，滾滾大水嘩啦啦的盡往東邊流去。過不了幾天，解虛指著東邊河道，驚疑不定的問道：「師妹，妳看那邊的堤岸是不是有點鬆鬆的啊？還有那邊、那邊跟那邊都鬆鬆的！」

　　「嗯！對啊！看來凡人的算法跟我們一樣嘛，明明是六成，偏偏報成八成，是幹嘛？腦子壞啦？真是奇怪。」其華咕噥道，隨即想到什麼，猛地大叫出聲：「啊！這樣一來，司馬光猜測的事不就會發生嗎？河水會沖決堤

岸，西邊的水患會轉到東邊去的！真是，這些凡人在搞什麼？本來東邊好好的沒事，現在被這樣一搞，只怕難以倖免了。」

其華話聲剛落，許家港附近的堤岸轟然決口，大水以千軍萬馬之勢，向著東部淹去，那奔騰的水勢、驚濤裂岸的駭人氣勢，令其華完全愣住，只見洪水滔滔，沖毀許多農田房舍，黎民百姓哭嚎奔逃，母哭其子，妻泣其夫，一片生靈塗炭的景象。眼前處處慘號的人間悲劇令其華怵目驚心，她不由得舉起雙手，口裡念念有詞，正欲施咒治水。

「其華！妳做什麼？」解虛注意到其華的意圖，連忙要阻止。

其華臉色慘然的說：「師兄，再慢就來不及了，你沒看見許多人頃刻之間都遭滅頂嗎？」

「早就來不及了，這些都是已經發生過的事了，妳阻止不

了！」解虛心中雖然不忍，但師父嚴訓猶然在耳，他不能違背。

其華自然記得師父的諄諄告誡，但眼前的景象卻看得她不忍萬分，耳邊的號叫聲更是摧心裂肺，她不能忍受，她一定要做些什麼。其華揮開解虛抓著她的手，義無反顧的施法治水，只見她閉著雙眼，雙手繞身劃了個大圈，寬大的衣袖鼓漲，手上的綠帶獵獵飄動，轉瞬間，一道耀眼的虹光夾雜著無數桃花瓣射向四處竄流的河水。

解虛正要出手阻止，卻已經來不及了，咒術已然啟動。但其華畢竟功力有限，雖成功施展治水咒，卻沒能一舉引水回流，她急切的叫道：「師兄！你竟要見死不救嗎？」

見死不救四字狠狠的打進解虛心中，他舉起手，正準備出手相助其華之際，冰綃突然出現在

兩人身邊，大袖一揮，將兩人帶出萬象流光。

「你們是在做什麼！為師一再囑咐，你們居然還是……！」冰綃氣得渾身顫抖，連話都說不出來。

「師父……對不起，都怪……都怪徒兒一時動情，任性妄為，這……這不干師兄的事。」其華知道自己犯了大錯，加上方才的震撼太深，此刻說話竟泣不成聲。

解虛見師父怒氣沖天，忙道：「師父，不是的，都怪我沒有阻止師妹。」

「唉！事已至此，多說無益，你們已經觸犯天條，等一下大概就會有天兵、天將前來拘捕，連為師亦不能置身事外。」儘管冰綃已修煉數千年，面對此時情勢，卻也是惶然無計。她強自鎮定，腦海中不斷思索解救之

法，霎時間靈光一現，道：「眼下大概只有一個補救的方法，我想還是只能倚賴司馬光的忠清粹德。」

見其華與解虛一臉不解，冰綃悠悠的說：「你們方才也看到了，在宋神宗時期，因為熙寧變法之故，司馬光與王安石鬧得很不愉快，王安石這個人雖然有才學，但卻太過剛愎自用，他提出的新法雖然用意甚佳，但太過擾民，許多政策司馬光並不贊同，尤其是其中的青苗法*，司馬光更是反對。最糟糕的是，因為朝中重臣大多反對新法，王安石為了與朝中大臣相抗，起用許多新人，偏偏又所用非人*。

「針對王安石的用人問題，司馬光曾對他說：『你所用之人盡是奸險小人，日後如何是好？』王安石無奈的表示：『朝臣大多不支持新法，只好先起用支持之人，

待新法上軌道之後，再行汰換。」司馬光搖搖頭，說：『這些小人既然得勢，豈是你甩脫得了的。』果然，後來被汰換的就是王安石自己。」

「看過這些事，實在不得不佩服司馬光的料事如神。」解虛衷心的說。

放大鏡

＊所謂的青苗法，指的是由政府低利貸款於民，人民可以自由選擇是否借貸，以便有錢進行耕種事宜，待收穫之後，再行償還。政策的本意是想防止富豪剝削人民，用意是好的，但為什麼受到眾多大臣的反對呢？因為當時執行新法的人，為了表示新法可行，居然設立目標要各地政府達成，結果導致一種強迫借貸的行為，擾民至深，而且施行之人又往往會中飽私囊，但在國家政策的羽翼下，反而無法可制，導致民不聊生。當時人認為新法擾民，其中危害最大的就是青苗法。

＊在王安石起用的新人中，最有名的要算是呂惠卿，司馬光對這個人相當厭惡，他曾經對王安石說，天下人之所以都說王安石為人奸邪，主要原因就是他任用呂惠卿之故，因為呂惠卿為人奸險，拖累了王安石的聲名。如果王安石過於信任他，之後覆滅王安石的，肯定是呂惠卿。果不其然，後來呂惠卿為了奪權，無所不用其極，王安石晚年悔恨不已。另外還有一個叫李定的人，他也被司馬光稱為小人，因為他為了官職，隱蔽母喪之事，是個不孝、不義、不忠之人，這個小人後來還主導陷害當世大文學家蘇東坡的烏臺詩案，如果當時蘇東坡真被他害死了，我們就少了一個文壇巨星了！

冰綃微微一笑，接著道：「呂惠卿等人為了執行新法、鞏固自己的勢力，無所不用其極的將反對者排擠出京，司馬光屢屢與王安石領軍的變法派人士爭論新法缺失，但神宗與王安石卻一意孤行。司馬光眼見朝中反對新法者若非自請外放，便是被罷斥出京，他知道神宗對新法是勢在必行了，因此儘管神宗希望他出任樞密副使*，但他根本反對新法，亦無法與新法派的諸多小人共事，更深慚自己對朝政的毫無能力，堅持不接受任命，只願到洛陽去投閒置散，好好將《資治通鑑》修完。」

「那皇帝答應了嗎？」解虛好奇的問。

「神宗其實十分看重司馬光，但他也了解司馬光的脾氣，

*樞密副使　相當於副宰相。

若他一意要執行新法，司馬光是絕計不願留任京師的。因此在苦勸不果之後，神宗便答應讓司馬光在洛陽，過著半退休的生活。不過司馬光這個人真是為國為民，他去洛陽之前，還寫了三封信跟王安石懇談，規勸他新法的事，無奈王安石剛愎自用，他也就死心了。

「但神宗一直都對司馬光十分賞識，在司馬光居住在洛陽的十五年期間，他也好幾次想找司馬光回京，只是一直沒有成功。據說當時有個叫蒲宗孟的人曾對神宗說：『朝中的人才，大部分都被司馬光的邪說教壞了。』神宗聽了之後，半晌不說話，盯著蒲宗孟說：『蒲卿竟然不看重司馬光嗎？不用說其他事，光就堅辭樞密副使這件事看來，朕從即位以來，也只見到司馬光這麼一個，換做別人，就算你逼著他從樞密

副使任上去職，也是不肯的。』蒲宗孟聽了之後，慚愧不已。」冰綃一邊說，一邊分神注意屋外的動靜。

「師父，但這跟我們現下的狀況有什麼相關呢？」其華止住了淚，只希望能快快為師父解決此事。

冰綃解釋道：「司馬光離京之後，在洛陽過了十五年悠閒的生活，這十五年之間他除了讀書、著述，與當時名士如邵雍、蘇軾等人來往之外，立志絕口不提國事。憑他一身的正氣光華與深厚德澤，當可庇護你們。此時萬象流光已轉到司馬光居洛陽時期，爾等便避禍其中，其他的事就由為師來施法補救。記住，千萬不要再輕舉妄動！」

「但是……師父！」其華與解虛一臉難受，不願留下師父一人收拾爛攤子。

　　此時屋外傳來異響，師徒三
人心知是有人觸動了結界，冰綃
便道：「事不宜遲，你們這就進去
吧！為師不會有事的！」說罷，冰
綃袍袖一揮，便將兩人送進萬象
流光之中。

6

安能補高天*

　　其華與解虛避入萬象流光之中，這時流光正轉到司馬光居洛陽期間，他們倆就看司馬光為了完成《資治通鑑》，每天伏案疾書苦讀，還用木頭設計一個「警枕」，避免自己貪睡。其華見司馬光苦心若此，不由得咋舌，輕聲對解虛說：「天哪！他怎麼認真成這樣，這些學者名臣是都沒有娛樂活動嗎？」

　　解虛也是被司馬光的認真震驚得頭皮發麻，半晌才道：「有啦！妳沒看他們前幾天才去賞春吟詩嗎？」

放大鏡 　　＊這句出自司馬光的〈又和并寄楊樂道十二韻〉，詩意是說：「如何能把高高的天空補起呢？」上古神話「女媧補天」中說天空曾經破了一個大洞，女媧為了拯救世界，於是煉製五色石來補天，最後終於將天補起。司馬光這句詩就是用了這個典故喔！

　　「可是他賞春幾日回來，他家傭人居然跟他說：『近日園中時光正好，可惜大人連日出遊，辜負書齋前的一片好春景致。』結果他就更認真了耶！」其華看司馬光那樣用功，簡直慚愧得快要暈倒了。

　　「可見司馬光為人不凡哪！連家中傭人都有這等見識。」

　　司馬光來到洛陽之後，開闢了一座園林，名為「獨樂園」。他每日便在獨樂園中讀書自娛，偶爾蒔花種草，偶爾和當地其他投閒置散的名臣相互唱和，彼此還結詩社，一同遊賞風光、飲宴郊遊，日子過得舒心愜意。

　　有時他會和好友范鎮一同縱論古今，無所不談。有一次，他們談到古樂的問題，這個話題他們以前還在朝中為官時便爭論過，當時兩人相持不下，最後只好以弈棋的方式，決定贏的人說

的對，那一次是范鎮贏了。這一次，兩個人再度談起同樣的話題，爭辯許久，還是無法說服對方，只好用投壺＊的方式決定勝負，這次是司馬光勝了，司馬光開心得手舞足蹈，連呼：「大樂復活啦！大樂復活啦！」歡喜一如孩童。

在這舒心愜意的生活中，雖然他立志絕口不提國事，但他一片憂國憂民的衷腸，讓他無法置身事外，隨時關心著朝廷動態、百姓民生，一旦心中有話，還是忍不住上奏朝廷，為人民發聲。由於他見多識廣，眼光深遠，所

放大鏡　＊投壺　是一種古代的遊戲，可說是酒令的一種，源自於所謂的「射禮」，孔子說的君子之爭，就是用射禮來表示的。射禮在上古之時就有，專門為宴飲而設計的稱之為「燕射」，即透過射箭的方式，決定雙方勝負，負者飲酒。投壺的飲酒習俗，就源自於西周時期的射禮，在酒宴上設置一個大陶壺，賓客輪流把箭投向壺中，投入較多者為勝，負者受罰飲酒，這是不是很有趣呢？改天你也可以試試看喔！

以他所言之事，後來所料往往中的，讓諸多名臣百姓，認為他才是真正的宰相風範，私下裡都稱他為大宋朝的「真宰相」，對他相當景仰。而司馬光在這閒居期間，由於常常和反對新法的大臣來往，彼此討論起來，互相交換訊息、意見，隱隱成為反對新法的在野集團，隨著熙豐新法的問題逐漸加深，朝野諸人都將希望寄託在司馬光身上，希望他能解民倒懸之苦。

歲月悠悠，十五年的時間轉瞬即過，元豐八年（1085年），神宗駕崩，司馬光等重臣紛紛到京城弔喪。誰知司馬光才到京城，原本一片哀悽的開封府城，居然登時洋溢著熱烈的歡迎氣氛，街頭巷尾都在傳說著司馬光即將就任宰輔之職，興奮的民眾夾道歡呼，甚至圍在司馬光下榻的住所，紛紛高聲向司馬光呼喊著：

「司馬相公，請您不要回去洛陽，留在朝廷擔任天子宰輔，救救百姓吧！」

司馬光在宦海中浮沉已久，深知在新舊兩朝交替的時刻，往往危機四伏，自己入京來，又有百姓盛情迎接，只怕會惹人非議，於是在祭拜過後，便悄悄回到洛陽去了。

神宗駕崩，哲宗即位，由於哲宗年紀幼小，便由太皇太后高氏臨朝攝政。高太后對新法一向不以為然，因此她一掌政，第一件事便是起用被新黨排擠出京的司馬光、呂公著、文彥博等人。起用司馬光等人，並不是高太后一人之意，當神宗臨終之時，便已指定司馬光、呂公著為顧命大臣，因此在祭典之後，高太后便欲接見司馬光，向他詢問治國之道，誰知司馬光已經先一步回洛陽去了，高太后便派人立刻去宣

司馬光入宮議政。

司馬光入朝主政在當時來說是一件大事，遼、夏兩國得知此事，紛紛敕令邊關守將說:「宋國以司馬光為相，千萬不要隨意開啟邊釁!」而百姓們知道這個消息，更是歡欣鼓舞，當蘇軾從登州被召回京時，百姓們都請蘇軾代為轉告司馬光，希望他千萬不要離開朝廷，這樣百姓才有活路可走。

「司馬光還真是受人民愛戴啊!這種情況簡直是千古少見。」解虛讚嘆的說。

「是啊，不過……我看他的時間好像不多了，本命之星相當黯淡呢!」其華指著司馬光的頭頂說。

當時，司馬光已是六十七歲高齡了，加上又曾中風過一次，身體狀況一直不是很好。但眼前國事多艱，他滿腔熱血，仍是堅

持要為國效力，從他再次入朝到過世，中間只有短短十八個月。在這十八個月裡，司馬光在高太后的支持下，將所有擾民甚深的新法盡行廢止，甚至在生病之時，還與朝臣議政不止，可惜他時日不長，留下許多未竟之事，終於在哲宗元祐元年（1086年）九月病故。在彌留之際，他仍念念不忘國事，口中喃喃囈語，均是國家朝廷之事。

　　當司馬光病逝時，宮中正在舉行慶賀大典，消息傳出後，典禮立刻終止，高太后偕同哲宗一同到宰相府中致哀，百官紛紛前往弔唁。當時有百姓請畫工繪製司馬光的畫像，懸掛在家中，以便飲食之際向之祝禱，購買的人非常多，甚至還有畫工因此致富。

　　司馬光出殯時，參與送葬者不計其數，朝廷對他優禮有加，

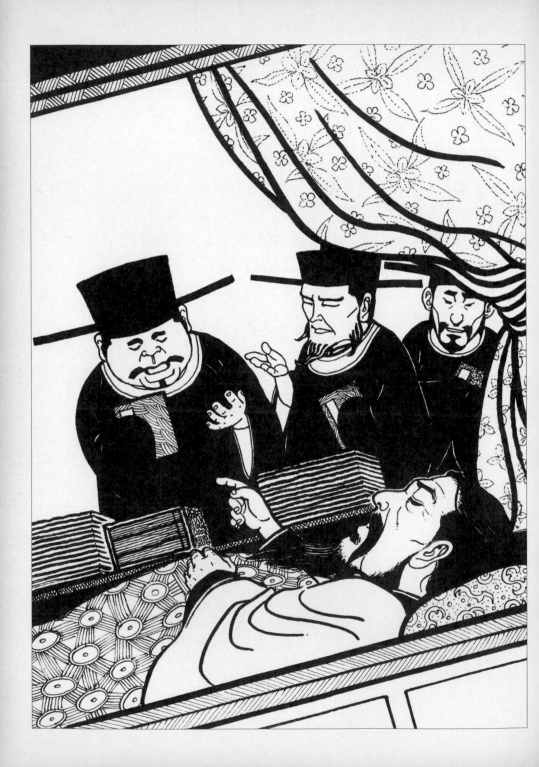

追封他太師溫國公，贈以一品禮服入殮，諡號「文正」＊，整個喪禮在皇家的支持下，備極哀榮。到了元祐三年，哲宗命翰林學士蘇軾為司馬光撰寫神道碑文，並親書「忠清粹德」四字作為碑額，並為之建碑樓一座，高四丈五尺，上有四門，下有兩門，周圍繞以迴廊，花了七個月的時間，工程才告完成。

　　其華叫道：「師兄，師兄！你看，那塊碑跟我們之前看到那塊一樣耶！不過我們之前看到那塊是斷成四截的，現在這塊是完好的。」

　　「現下我懂啦，司馬光他死的時候，正好是最受朝廷倚重的

＊你知道嗎，「文正」是所有諡號裡最美最好的，一般要人品絕佳、公忠體國之人，才有可能被諡文正，司馬光自己也說過「諡之美者，極於『文正』」。在北宋一朝，只有王曾、范仲淹、司馬光三人被諡「文正」，可知這個諡號是不輕易與人的。

157

時候，所以為他立了碑。可是從神宗變法開始，北宋就有了新舊兩黨，司馬光死後，兩黨交相傾軋，才會有立碑又仆碑之事。」解虛恍然大悟的說。

「是啊，而且原來司馬光是這麼樣一個德行素著的人。難怪在那之後幾百年來，還不斷有人去參拜他，甚至要為他恢復名譽，也才會有重立新碑之事了。」其華感嘆道。要不是這件事引起他們的好奇，她也不會觸犯天條，害得她與師兄現在只能避在這萬象流光之中。

他們看著哲宗親政之後，召回章惇、呂惠卿，新黨眾人忙著打擊司馬光及舊黨重臣，追奪他們的贈諡，甚至追貶司馬光，還預備銷毀《資治通鑑》刻版，幸好其中有神宗所寫之序，才得以保存。如此來來去去，黨爭依舊反覆在進行著，不僅流於意氣，

而且還無所不用其極。

「司馬光和王安石雖然論政不合，但還算君子之爭，有什麼話都直來直往，後來這些人怎麼盡使些小人招數啊！」其華厭惡的說。

「司馬光死都死了，看看這些人還在忙些什麼，真是愚昧！」解虛冷冷的說。

「凡人短視，自然會為虛名浮利所惑。」

冰綃的聲音猶如空谷鳴琴，悠悠傳來，震撼著其華與解虛的心，兩人不禁相視驚呼：「師父！」話聲甫落，冰綃的身影便出現在他們眼前，兩人在沉重的心理壓力之下，再次見到師父的身影，都忍不住眼眶含淚。

「師父，您沒事嗎？徒兒好擔心啊！」其華撲進冰綃懷中，梗在心頭的深深愧疚終於得以鬆懈下來，不由得放聲大哭。

　　冰綃拍撫她的背，輕聲道：「好了，好了！為師沒事，你們無須憂慮。」

　　「真的沒事嗎？那天兵、天將呢？」解虛遲疑的問。

　　「是啊！師父，我們進來之後究竟發生了什麼事？那些天上的神仙有那麼好打發嗎？」其華退出冰綃的懷抱，抽抽噎噎的問。

　　冰綃噗嗤一笑，笑得兩人一臉愕然，還道師父被整治得得了失心瘋了。冰綃見到他們兩人驚恐的表情，更是笑得上氣不接下氣，好一會兒才說：「根本沒有觸犯天條這件事，那是為師故意安排為爾等避劫的！」

　　見其華與解虛一臉不解，她接著補充道：「為師之前就算出你們近日有一道劫數，又見你們對司馬光之事起了興趣，便知此事種因在我，那麼為師自然要盡力為你們排解。百般思量之後，我

猜想此劫可能會如何發生，便故意留下萬象流光就離開，讓你們進到其中，見到水災慘狀，忍不住出手相助，那便犯了天條，合了劫數。但為師早在萬象流光中下了封印，其中變化如何，均只在其中，不會牽引天地萬物，其中發動的咒術自然也不會驚動天庭。只是為師也想趁此機會讓你們學個教訓，所謂『不經一事，不長一智』，經此一事，為師相信你們以後會格外小心，不會再妄自行事了吧？」

兩人依舊呆在原地，只能愣愣的點頭。解虛先回過神來，問道：「可是，師父，剛剛確實有人觸動結界啊？」

「喔，那是為師多年至交，是我要他這麼做的，而且為師想和他靜靜聊聊，不想你們在旁伺候，便要你們進來避避，順便反省反省囉！」

　　兩人至此終於恍然大悟，無奈的嘆道：「師 —— 父 ——。」

　　名臣的事蹟已經遠颺，而妖精的修煉還要繼續，嘆息過後，三人化作光影離開，而萬象流光依舊不斷流轉變換⋯⋯。

1019 年	出生。
1025 年	聽聞講《左傳》,不僅非常喜愛,並能了解其大旨。
1033 年	因恩蔭補為郊社齋郎。
1038 年	中進士甲科第六名,任華州判官。與張存的三女兒完婚。
1039 年	為孝親方便,請調任蘇州判官。
1040 年	母親去世。
1041 年	父親去世。
1044 年	宋與夏議和。
1053 年	隨龐籍出任鄆州。
1055 年	跟隨龐籍至并州上任。
1057 年	被調回京城,做一個七品的小官。
1061 年	遷起居舍人同知諫院。
1066 年	撰成戰國迄秦的「通志」,上進英宗。英宗命續修。

1067 年　神宗賜書名《資治通鑑》。

1069 年　王安石主導熙寧變法。與王安石因意見相左，日漸交惡。

1070 年　自請離京，以端明殿學士知永興軍。

1071 年　退居洛陽，續修《資治通鑑》。

1084 年　書成，升任資政殿學士。

1085 年　哲宗即位，高太皇太后聽政，詔入京主持國政。任尚書左

　　　　僕射兼門下侍郎，數月間盡廢新法。

1086 年　任上病故。

獻給孩子們的禮物

「世紀人物100」

訴說一百位中外人物的故事

是三民書局獻給孩子們最好的禮物！

◆ 不刻意美化、神化傳主，使「世紀人物」
　更易於親近。

◆ 嚴謹考證史實，傳遞最正確的資訊。

◆ 文字親切活潑，貼近孩子們的語言。

◆ 突破傳統的創作角度切入，讓孩子們認識
　不一樣的「世紀人物」。

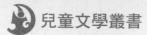 兒童文學叢書

每個孩子都是天生的詩人

您是不是常被孩子們千奇百怪的問題問得啞口無言?
是不是常因孩子們出奇不意的想法而啞然失笑?
而詩歌是最能貼近孩子們不規則的思考邏輯。

小詩人系列

 現代詩人專為孩子寫的詩

 豐富詩歌意象,激發想像力

 詩後小語,培養鑑賞能力

 釋放無限創造力,增進寫作能力

 親子共讀,促進親子互動

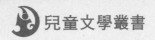
兒童文學叢書

影響世界的人

在沒有主色，沒有英雄的年代
為孩子建立正確的方向
這是最佳的選擇

一套十二本，介紹十二位「影響世界的人」，看：

釋迦牟尼、耶穌、穆罕默德如何影響世界的信仰？

孔子、亞里斯多德、許懷哲如何影響世界的思想？

牛頓、居禮夫人、愛因斯坦如何影響世界的科學發展？

貝爾便利多少人對愛的傳遞？

孟德爾引起多少人對生命的解讀？

馬可波羅激發多少人對世界的探索？

國家圖書館出版品預行編目資料

忠義誠一真宰相：司馬光 / 張博鈞著;簡志剛繪.－－
初版二刷.－－臺北市：三民，2012
面；　公分.－－(兒童文學叢書 / 世紀人物100)

ISBN 978-957-14-5037-7　(平裝)

1.(宋)司馬光 2.傳記 3.通俗作品

782.8515　　　　　　　　　　　　　　　　97004906

© 　忠義誠一真宰相：司馬光

著 作 人	張博鈞
主　　編	簡　宛
繪　　者	簡志剛
發 行 人	劉振強
著作財產權人	三民書局股份有限公司
發 行 所	三民書局股份有限公司
	地址　臺北市復興北路386號
	電話　(02)25006600
	郵撥帳號　0009998-5
門 市 部	(復北店)臺北市復興北路386號
	(重南店)臺北市重慶南路一段61號
出版日期	初版一刷　2008年5月
	初版二刷　2012年2月修正
編　　號	S 782170

行政院新聞局登記證局版臺業字第○二○○號

有著作權·不准侵害

ISBN　978-957-14-5037-7　（平裝）